대반열반경

불교경전 ⑫

대반열반경
(大般涅槃經)

석존의 열반 ● 강기희 譯

민족사

일러두기

1) 민족사판 대반열반경(大般涅槃經)은 팔리성전협회(Pāli Text Society) 본과 일본역판(講談社)을 동시에 사용했으나 영문 불교용어의 한글화 등의 문제 때문에 주로 일본역판(역시 PTS본의 번역임)을 참조했다.

2) 대반열반경(大般涅槃經)은 팔리장경 계통과 한역장경 계통이 있다. 물론 한역 역시 원전인 팔리장경에서 옮긴 것이지만, 한자의 특수성 때문에 팔리 계통의 대반열반경과 한역 계통의 대반열반경에는 내용상 상당한 차이가 있다. 이 점 참고하기 바란다.

3) 장 제목과 사이 사이의 작은 제목은 원전에는 없지만 대반열반경(석존의 열반)의 모습을 생생하게 알고자 하는 독자를 위하여 번역을 하면서 붙인 것이다.

대반열반경
차 례

제 1 장 영취산

영취산에서 ··· 13
쇠망하지 않는 가르침 ··· 15
비구(승가)에 대한 가르침 ······································ 20
여로(旅路)에 오르다 ·· 28
파탈리 마을의 신자들에게 ······································ 34

제 2 장 발병(發病)

코티 마을에서 설법 ― 사성제(四聖諦) ············· 43
나디카 마을에서 ― 죽음에 대하여 ······················ 46
상업도시 베살리에서 ·· 51

유녀 암바팔리와 리차비족 사람들 ················· 53
벨루바 마을에서 — 발병(發病) ················· 58

제 3 장 악마와의 대화

입멸의 예감 ··· 63
악마와의 대화 ··· 66
대지진이 일어난 까닭 ·································· 71
비구들에게 ··· 91

제 4 장 회 고(回顧)

일생을 회고하다 ·· 95
보가 나가라에서 설하신 네 가지 큰 지표 ········ 98
춘다의 공양 — 발병의 결정적 원인 ··············· 102
푸쿠사와의 만남 ·· 108
카쿳타 강에서 — 춘다를 위로하다 ··············· 115

제 5 장 입 멸(入滅)

입멸의 땅—쿠시나가라 ···121
아난다의 슬픔 ···131
마하스다사나왕(大善見王) 이야기 ························136
쿠시나가라 사람들과의 고별 ································137
스밧다의 귀의 ···139

제 6 장 다 비(茶毘)

마지막 말씀 ··149
석존의 입멸(열반) ···152
석존의 다비(화장) ···159
제자들의 슬픔 ···163
사리의 분배 ··168
부처님은 영원히 ··172

성구경(聖求經)

랑마카의 초암(草菴)에서 ································ 177
성스러운 구함과 성스럽지 못한 구함 ············ 180
스승 알라라 카라마를 찾아서 ·························· 184
스승 우다카 라마풋타를 찾아서 ······················ 187
해　탈 ·· 190
설법에 대한 망설임―범천의 간청 ················ 191
최초로 법을 설해 줄 사람을 찾다 ·················· 196
최초의 설법―초전법륜 ·································· 200
오욕(五欲)과 아홉 단계의 선정(禪定) ············ 204

● 역 주 ·· 213
● 해 설 ·· 219

대반열반경
(大般涅槃經)

제 1 장 영취산

영취산에서

이와 같이 나는 들었다.

어느 때 세존께서는 라자가하(王舍城)의 기사굴산(영취산)[1]에 머물고 계셨다.

그 무렵 마가다 국에서는 국왕인 아자타삿투(阿闍世)가 이웃 나라 밧지 족의 침공을 기도하고 있었다.

왕은 말했다.

"저 밧지 족은 국력이 대단하고, 국위도 크게 상승하고 있다. 그러나 그것이 아무리 대단하다 해도, 나는 그들을 단숨에 괴멸시키고, 멸망시켜야만 한다."

그리하여 마가다의 국왕인 아자타삿투는 전쟁의 승패 여부를 영취산에 머물고 계시는 세존께 상의하고자 마가다의 대신, 바사카라 바라문을 불러 다음과 같이 말하였다.

"바라문이여!

그대는 지금 곧바로 영취산으로 가 나의 뜻을 세존께 전해 드려라. 영취산에 도착하여 세존을 배알하는 즉시 우선 세존의 발에 머리를 대고 예배한 다음 세존께서는 병환과 근심이 없으시며, 기력을 잃지 않고, 거동하심이 가벼우시며, 마음 편하게 지내시는지 나의 뜻을 여쭈어라. 이렇게 인사가 끝나면 다음과 같이 사뢰어라.

―세존이시여! 마가다의 국왕이며 비데하 왕비의 아들이신 아자타삿투께서 이웃 밧지 족을 정벌하고자, 이렇게 말씀하였사옵니다.

'저 밧지 족은 국력이 충실하고, 국위도 크게 상승하고 있습니다. 그러나 그것이 아무리 대단하다 해도, 나는 그들을 단번에 격파하고 괴멸시켜야만 합니다. 세존께 여쭙나니 이 전쟁을 어떻게 하면 성공시킬 수 있겠사옵니까?'―라고.

바라문이여!

그것에 대해 세존께서는 분명히 어떤 묘한 방안을 내려 주실 것이니, 그대는 그것을 잘 듣고 돌아와서 나에게 알려 주어라. 내가 이와 같이 하는 이유는 여래(완성된 인격자)께서는 결코 거짓을 말씀하시지 않기 때문이니라."

마가다 국의 대신 바사카라 바라문은, 국왕인 아자타삿투께 "대왕마마의 뜻을 잘 받들어 수행하겠사옵니다"라고 대답하였다.

그리고 곧바로 튼튼한 말이 끄는 아름다운 수레 몇 대를 준비시킨 다음 자신도 그 가운데 한 대에 올라타고, 라자가

하(왕사성)를 출발하여 영취산으로 향했다.

　이렇게 영취산에 도착한 마가다 국의 대신 바사카라 바라문은, 수레가 들어가는 곳까지는 수레를 타고 거기에서 내려 세존의 처소까지 걸어갔다.

　그리고 세존을 뵙자 즐거운 마음으로, "병환과 근심은 없으신지요? 또 기억력은 좋으시고 거동하심은 가벼우며 마음 편히 지내시는지요?"라고 문안 인사를 드린 다음 한쪽에 자리를 마련하고 앉았다. 그런 뒤 마가다 국의 대신 바사카라 바라문은 세존께 다음과 같이 사뢰었다.

　"고타마시여! 마가다의 국왕이며 비데하 왕비의 아들인 아자타삿투께서는 이웃 밧지 족을 정벌하고자 이렇게 말씀하였사옵니다

　—'저 밧지 족은 국력이 좋고 국위도 크게 상승하고 있다. 그러나 그것이 아무리 대단하다 해도, 나는 그들을 단번에 격파시키고 괴멸시켜야만 한다'—고.

　그래서 존자 고타마께 여쭙나니 이 전쟁을 어떻게 하면 성공시킬 수 있겠습니까?"

쇠망하지 않는 가르침

　그때 아난다(阿難) 존자는 세존의 뒤편에서 부채질을 해 드리고 있었다. 그런데 세존께서는 마가다 국의 대신에게는

직접 대답하지 않으시고, 아난다를 향해 말씀하셨다.

"아난다여! 밧지 족은 자주 모임을 개최하고, 그 모임에는 많은 사람들이 모인다는데, 너는 그 말을 들은 적이 있느냐?"

"예, 세존이시여! 저는 틀림없이 밧지 족은 자주 모임을 개최하고, 또 그 모임에는 많은 사람들이 모인다고 들었사옵니다."

"아난다여! 아난다여! 그러한 밧지 족에게는 번영이 기대될 뿐 쇠망은 없을 것이니라.

그런데 아난다여! 밧지 족은 모일 때도 의기투합하여 모이고, 헤어질 때도 뜻을 모으며, 또한 일족(一族)의 행사도 뜻을 모아 거행한다는데, 너는 그 말을 들은 적이 있느냐?"

"예, 세존이시여! 저는 틀림없이 밧지 족은 모일 때도 의기투합하여 모이고, 헤어질 때도 뜻을 모으며, 또한 일족의 행사도 뜻을 모아 거행한다고 들었사옵니다."

"아난다여! 이와 같이 밧지족이 모일 때도 의기투합하여 모이고, 헤어질 때도 뜻을 모으며, 또한 일족의 행사도 뜻을 모아 거행하는 것이 계속되는 동안은, 밧지 족에게는 번영이 기대될 뿐 쇠망은 없을 것이니라.

그럼 아난다여! 밧지 족은 정해지지 않은 것을 새로 정하거나, 반대로 이미 정해진 것은 깨뜨리지 않고, 과거에 정해진 일족의 옛 법에 따라 행동한다는데, 너는 그 말을 들은 적이 있느냐?"

"예, 세존이시여! 틀림없이 저는 밧지 족은 이미 정해지지 않은 것을 새로 정하거나, 반대로 이미 정해진 것은 깨뜨리지 않고, 과거에 정해진 일족의 옛 법에 따라 행동한다고 들었사옵니다."

"아난다여! 그와 같이 밧지 족이 이미 정해지지 않은 것을 새로 정하거나, 반대로 이미 정해진 것은 깨뜨리지 않고, 과거에 정해진 옛 법에 따라 행동하는 것이 계속되는 동안에는, 아난다여! 밧지 족에게는 번영이 기대될 뿐 쇠망은 없을 것이니라.

그럼 아난다여! 밧지 족은 일족 가운데 나이든 이들을 경애하고 존중하며 숭배하고 공양하며, 또한 나이든 이들의 말씀을 듣고자 한다는데, 너는 그 말을 들은 적이 있느냐?"

"예 세존이시여! 틀림없이 저는 밧지 족은 일족 가운데 나이든 이들을 경애하고 존중하며 숭배하고 공양하며, 또한 나이든 이들의 말씀을 경청하고자 한다고 들었사옵니다."

"아난다여! 그렇게 밧지 족이 일족 가운데서 나이든 이들을 경애하고 존중하며 숭배하고 공양하며, 또한 나이든 이들의 말씀을 경청하고자 하는 것이 계속되는 동안에는, 아난다여! 밧지 족에게는 번영이 기대될 뿐 쇠망은 없을 것이니라.

그럼, 아난다여! 밧지 족은 양가의 부인이나 규수를 폭력으로 붙잡아 가거나, 또는 구속하거나 가두지 않는다는데, 너는 그 말을 들은 적이 있느냐?"

"예, 세존이시여! 틀림없이 저는 밧지 족은 양가의 부인이나 규수를 폭력으로 붙잡아 가거나, 구속하거나 가두지 않는다고 들었사옵니다."

"아난다여! 그렇게 밧지 족이 양가의 부인이나 규수를 폭력으로 붙잡아 가거나, 구속하거나 가두지 않는 것이 계속되는 동안에는, 아난다여! 밧지 족에게는 번영이 기대될 뿐 쇠망은 없을 것이니라.

그럼 아난다여! 밧지 족은 그들의 성(城) 안팎에 있는 밧지 족의 영지(靈地)를 경애, 존중, 숭배하고 공양하며 아끼고, 봉납 드리는 적합한 제식(祭式)을 폐지하지 않는다고 하는데, 너는 그 말을 들은 적이 있느냐?"

"예, 세존이시여! 확실히 저는 밧지 족은 그들의 성(城) 안팎에 있는 밧지 족의 영지를 경애, 존중, 숭배하고 공양하며 아끼고, 봉납 드리는 적합한 제식을 폐지하지 않는다고 들었사옵니다."

"아난다여! 그와 같이 밧지 족이 그들의 성 안팎에 있는 밧지 족의 영지를 경애, 존중, 숭배하고 공양하며, 아끼고 봉납 드리는 적합한 제식을 폐지하지 않는 동안에는, 아난다여! 밧지 족에게는 번영이 기대될 뿐 쇠망은 없을 것이니라.

그럼 아난다여! 밧지 족은 존경받을 만한 이(아라한, 阿羅漢)에 대하여 법에 적합한 대우를 해드리고자 능히 마음을 기울이고, 또한 아직 자기 나라에 오지 않은 존경받을 만한 이가 있다면, 그가 자기 나라를 찾아오도록 노력하며, 그리고 존경받을 만한 이들이 찾아오면 마음 편히 머물도록 항상 기원하고 있다는데, 너는 그 말을 들은 적이 있느냐?"

"예, 세존이시여! 저는 틀림없이 밧지 족이 그렇게 하고 있다고 들었사옵니다."

"아난다여! 그와 같이 밧지 족이 존경받을 만한 이에 대하여 법으로 적합한 대우를 해드리고자 능히 마음을 기울이고, 또 아직 자기 나라에 오지 않은 존경받을 만한 이가 있다면, 그가 자기 나라를 찾아오도록 노력하며 그리고 존경받을 만한 이들이 찾아오면 마음 편히 머물도록 항상 기원하고 있음이 계속되는 동안에는, 밧지 족에게는 번영이 기대될 뿐 쇠망은 없을 것이니라."

이렇게 아난다 존자에게 여러 가지를 물으신 다음, 세존께서는 마가다 국의 대신 바사카라 바라문에게 말씀하셨다.

"바라문이여! 나는 예전에 베살리의 사란다 영지(靈地)에 머물렀던 적이 있다. 그곳에서 나는 밧지 족 사람들에게 이상과 같이 쇠망이 오지 않는 가르침을 설하였다. 밧지 족이 이러한 일곱 가지의 가르침을 지키고 있는 것이 알려지는 한, 바라문이여! 밧지 족에게는 번영이 기대될 뿐 쇠망은 없을 것이니라."

세존께서 이렇게 말씀하시자, 마가다 국의 대신 바사카라 바라문은 세존께 다음과 같이 사뢰었다.

"고타마시여! 틀림없이 그대로이옵니다. 쇠망이 오지 않는 일곱 가지 가르침 가운데 하나만을 갖추고 있어도 밧지 족에게는 번영이 기대될 뿐 쇠망은 없을 것이옵니다. 하물며 일곱 가지 모두를 지킨다고 하는 데에 말해 무엇하겠사옵니까? 고타마시여! 잘 알았사옵니다. 외교수단이나 이간시키는 계책을 강구하지 않는 한, 마가다의 국왕이며 비데하 왕비의 아들인 아자타삿투께서는 전쟁을 일으킨다 해도 밧지 족을 정벌할 수 없다는 것을……

그럼 고타마시여! 이만 실례하겠사옵니다. 저희들은 분망하고 해야 할 일도 많기 때문이옵니다."

"바라문이여! 때를 헤아려서 감이 좋으리라."

그러자 마가다의 대신 바사카라 바라문은 세존의 가르침에 기뻐하고 만족해 하면서 자리를 일어나 떠났다.

비구(승가)에 대한 가르침

이리하여 마가다의 대신 바사카라 바라문이 떠나자 곧바로, 세존께서는 아난다에게 말씀하셨다.

"아난다여! 너는 지금 곧바로 라자가하의 근처로 가 그곳에 머물고 있는 비구들에게 모두 정사(精舍, 절)에 모이도록 말하여라."

"잘 알았사옵니다. 세존이시여!"라고 아난다는 대답하였다. 그리고 라자가하의 주변에 머물고 있는 비구들을 모두 정사로 모이도록 했다. 비구들이 모이자 아난다는 세존의 처소로 가, 세존께 인사드리고 한 쪽에 서서 세존께 다음과 같이 사뢰었다.

"세존이시여! 정사 주변의 비구들이 모두 모였사옵니다. 세존이시여! 부디 때를 헤아려 주소서."

그러자 세존께서는 자리에서 일어나 정사로 향하셨다. 그리고 정사에 도착하시어 마련된 자리에 앉으신 세존께서는 비구들에게 말씀하셨다.

"비구들이여! 지금부터 너희들에게 쇠망이 오지 않는 일곱 가지 가르침(七不退法)을 설할 테니, 잘 듣고 마음에 새겨둠이 마땅하리라."

"명심하겠사옵니다, 세존이시여!"라고 비구들은 대답하였다. 그러자 세존께서 다음과 같이 말씀하셨다.

"비구들이여! 비구들이 자주 모임을 개최하고, 그 모임에 많은 비구들이 모이는 동안에는, 비구들에게는 번영이 기대될 뿐 쇠망은 없을 것이니라.

또 비구들이여! 비구들이 모일 때도 한 줄로 줄지어 모이고, 헤어질 때도 한 줄로 줄지어 헤어지며, 또한 승가(僧伽)로서 해야 할 바도 한 줄로 줄지어 행하는 동안에는, 비구들에게는 번영이 기대될 뿐 쇠망은 없을 것이니라.

또한 비구들이여! 비구들이 예전에 정해지지 않은 것을 정하거나, 반대로 정해진 것을 깨뜨리지 않고, 배워야 할 바(學處)에 따라 행동하는 동안에는, 비구들에게는 번영이 기대될 뿐 쇠망은 없을 것이니라.

또한 비구들이여! 경험이 풍부하고 출가한 지 오래되는 장로(長老)나, 모임의 지도자인 비구들을 경애하고, 존경, 숭배하며 공양하고, 또한 장로비구들의 말을 경청하려고 생각하는 동안에는, 비구들이여! 비구들에게는 번영이 기대될 뿐 쇠망은 없을 것이니라.

또한 비구들이여! 비구들이 어리석음을 초래하는 갈애의 마음이 일어나더라도 그것에 지배되지 않는 동안에는 비구들이여! 비구들에게는 번영이 기대될 뿐 쇠망은 없을 것이니라.

또한 비구들이여! 비구들이 삼림(森林) 생활을 희망하고 있는 동안에는, 비구들이여! 비구들에게는 번영이 기대될 뿐 쇠망은 없을 것이니라.

또한 비구들이여! 비구들이 각자 달리 행동하지 않는 바른 사념(思念)을 확립하고, 아직 오지 않은 동료 수행자가 있다면 오도록 하고, 찾아온 동료 수행자들에게는 쾌적하게 지내도록 바라는 동안에는, 비구들이여! 비구들에게는 번영이 기대될 뿐 쇠망은 없을 것이니라.

비구들이여! 이상과 같이 쇠망이 오지 않는 일곱 가지 가르침이 비구들 사이에 존속하고, 또한 비구들이 이러한 일곱 가지 가르침을 지키고 있음이 알려지고 있는 동안에는, 비구들이여! 비구들에게는 번영이 기대될 뿐 쇠망은 없을 것이니라."

세존께서는 거듭 말씀하셨다.

"비구들이여! 거듭 다시 한 번 쇠망이 오지 않는 일곱 가지 가르침을 설하리라. 잘 듣고 마음에 명심함이 좋으리라."

"잘 알았사옵니다, 세존이시여!"라고 비구들은 대답하였다.

그러자 세존께서는 다음과 같이 말씀하셨다.

"비구들이여! 비구들이 세간적인 행위를 좋아하지 않으며 세간적인 행위를 즐거워하지 않고, 세간적인 행위의 즐거움에 관여하지 않는 동안에는 비구들이여! 비구들에게는 번영이 기대될 뿐 쇠망은 없을 것이니라.

또한 비구들이여! 비구들이 담화(談話)를 즐거워하지 않고, 담화의 즐거움에 관여하지 않는 동안에는, 비구들이여! 비구들에게는 번영이 기대될 뿐 쇠망은 없을 것이니라.

또한 비구들이여! 비구들이 수면을 즐거워하지 않고 수면의 즐거움에 관여하지 않는 동안에는, 비구들이여! 비구들에게는 번영이 기대될 뿐 쇠망은 없을 것이니라.

또한 비구들이여! 비구들이 모여서 잡담하는 것을 즐거워하지 않으며, 즐거움에 관여하지 않는 동안에는, 비구들이여! 비구들에게는 번영이 기대될 뿐 쇠망은 없을 것이니라.

또한 비구들이여! 비구들이 나쁜 욕망을 일으키지 않고, 나쁜 욕망에 지배받지 않는 동안에는, 비구들이여! 비구들에게는 번영이 기대될 뿐 쇠망은 없을 것이니라.

또한 비구들이여! 비구들이 나쁜 친구를 사귀지 않고, 나

뿐 동료를 사귀지 않는 동안에는, 비구들이여! 비구들에게는 번영이 기대될 뿐 쇠망은 없을 것이니라.

또한 비구들이여! 비구들이 약간의 수승한 경지에 도달했다 해도 중도에 수행을 포기하지 않는 동안에는, 비구들이여! 비구들에게는 번영이 기대될 뿐 쇠망은 없을 것이니라.

비구들이여! 이상과 같이 쇠망이 오지 않는 일곱 가지 가르침이 비구들 사이에 존속하고, 또한 비구들이 이러한 일곱 가지의 가르침을 가지고 있다는 것이 알려지는 동안에는, 비구들이여! 비구들에게는 번영이 기대될 뿐 쇠망은 없을 것이니라."

세존께서는 계속해서 말씀하셨다.

"비구들이여! 나는 거듭 쇠망이 오지 않는 일곱 가지 가르침을 설하리라. 잘 듣고 마음에 새겨둠이 좋으리라."

"잘 알았사옵니다, 세존이시여!"라고 비구들은 대답하였다. 그러자 세존께서는 다음과 같이 말씀하셨다.

"비구들이여! 비구들이 바른 신앙을 갖고, 안으로 부끄러워하고(慚), 밖으로 악을 두려워하고(愧), 박식하고, 수행에 진력하고, 생각(念)이 확립되고, 지혜가 있는 동안에는, 비구들이여! 비구들에게는 번영이 기대될 뿐 쇠망은 없을 것이니라.

비구들이여! 이상과 같이 쇠망이 오지 않는 일곱 가지 가르침이 비구들 사이에서 존속되고, 또한 비구들이 이러한 일곱 가지 가르침을 지키고 있다는 것이 알려지는 동안에는, 비구들이여! 비구들에게는 번영이 기대될 뿐 쇠망은 없을 것이니라."

세존께서는 또 말씀하셨다.

"비구들이여! 나는 거듭 쇠망이 오지 않는 일곱 가지 가르침을 설하리라. 잘 듣고 마음에 새겨둠이 좋으리라."

"잘 알았사옵니다, 세존이시여!"라고 비구들은 대답하였다.

그러자 세존께서는 다음과 같이 말씀하셨다.

"비구들이여! 비구들은 바른 사념(思念)이라고 하는 깨달음의 지분(念覺支)을 닦고, 참·거짓의 판별이라고 하는 깨달음의 지분(擇法覺支)을 닦고, 정려(精勵)라고 하는 깨달음의 지분(精進覺支)을 닦고, 기쁨이라고 하는 깨달음의 지분(喜覺支)을 닦고, 마음의 평정이라고 하는 깨달음의 지분(輕安覺支)을 닦고, 정신통일이라고 하는 깨달음의 지분(定覺支)을 닦고, 집착하지 않는다는 깨달음의 지분(捨覺支)을 닦는 동안에는, 비구들이여! 비구들에게는 번영이 기대될 뿐 쇠망은 없을 것이니라.

비구들이여! 이상과 같이 쇠망이 오지 않는 일곱 가지 가르침이 비구들 사이에 존속하고, 또한 비구들이 이러한 일곱 가지 가르침을 지키고 있음이 알려지는 동안에는, 비구들이여! 비구들에게는 번영이 기대될 뿐 쇠망은 없을 것이니라."

다시 세존께서는 계속하여 말씀하셨다.

"비구들이여! 나는 거듭 쇠망이 오지 않는 일곱 가지 가르침을 설하리라. 잘 듣고 마음에 새겨둠이 좋으리라."

"잘 알았사옵니다, 세존이시여!"라고 비구들은 대답하였다.

그러자 세존께서는 다음과 같이 말씀하셨다.

"비구들이여! 비구들이 모든 것은 무상하다는 생각(無常想)을 닦고, 모든 것은 무아(無我)라는 생각(無我想)을 닦고, 모든 것은 부정하다는 생각(不淨想)을 닦고, 모든 것은 괴롭고 근심스러운 것이라는 생각(苦想)을 닦고, 모든 것은 버리고 떠나야만 할 것이라는 생각(捨離想)을 닦고, 모든 탐욕은 떠나야만 할 것이라는 생각(離情想)을 닦고, 모든 것은 멸해 간다는 생각(滅想)을 닦는 동안에는, 비구들이여! 비구들에게는 번영이 기대될 뿐 쇠망은 없을 것이니라.

비구들이여! 이상과 같이 쇠망이 오지 않는 일곱 가지 가르침이 비구들 사이에 존속하고, 또한 비구들이 이러한 일곱 가지 가르침을 지키고 있음이 알려지는 동안에는, 비구들이여! 비구들에게는 번영이 기대될 뿐 쇠망은 없을 것이니라."

세존께서는 거듭 계속하여 말씀하셨다.

"비구들이여! 또한 여섯 가지 쇠망이 오지 않는 가르침이 있다. 나는 지금부터 그것을 설하리니 잘 듣고 마음에 새겨둠이 좋으리라."

"잘 알았사옵니다, 세존이시여!"라고 비구들은 대답하였다.

그러자 세존께서는 다음과 같이 말씀하셨다.

"비구들이여! 비구들이 동료 수행자들에게 자애로운 행동(慈身業)을 공적(公的)으로나 사적(私的)으로 보전하고 있을 때에는, 비구들이여! 비구들에게는 번영이 기대될 뿐 쇠망은 없을 것이니라.

또 비구들이여! 비구들이 동료 수행자들에 대해, 자애로운 언행(慈語業)이나 자애로운 심행(慈意業)을 공적으로나 사적으로 늘 보전하고 있는 동안에는, 비구들이여! 비구들에게는 번영이 기대될 뿐 쇠망은 없을 것이니라.

또 비구들이여! 비구들이 규칙에 맞는 바른 보시물을 설령 한 발우분의 음식일지라도, 혼자 먹지 않고 계율을 지키는 동료 수행자들과 사이좋게 나누어 먹는 것이 지속되는 동안에는, 비구들이여! 비구들에게는 번영이 기대될 뿐 쇠망은 없을 것이니라.

또 비구들이여! 비구들이 치우침이 없으며, 결함이 없으며, 더러움이 없으며, 자유로움으로 인도하는 지자(智者)를 칭찬하고 다른 것에 물들지 않으며, 정신통일에 이르는 계(戒)와 일치하고, 동료 수행자들과 공적으로나 사적으로 함께 생활해 가는 동안에는, 비구들이여! 비구들에게는 번영이 기대될 뿐 쇠망은 없을 것이니라.

또 비구들이여! 비구들이 존귀하고, 열반으로 나아가며, 그것을 실천하는 사람을 괴로움의 멸진으로 바르게 인도하고, 동료 수행자들과 공적으로나 사적으로 함께 생활해 가는 동안에는, 비구들이여! 비구들에게는 번영이 기대될 뿐 쇠망은 없을 것이니라.

비구들이여! 이상과 같은 여섯 가지 쇠망이 오지 않는 가르침이 비구들 사이에 존속하고, 또한 비구들이 이러한 여섯 가지의 가르침을 지키고 있음이 알려지는 동안에는, 비구들이여! 비구들에게는 번영이 기대될 뿐 쇠망은 없을 것이니라."

이와 같이 이곳 라자가하의 영취산에 머무시는 동안, 세존께서는 비구들에게 수많은 가르침을 교설하셨다.

즉 "이것이 계율(戒)이니라. 이것이 정신통일(定)이니라. 이것이 지혜(慧)이니라. 또한 계율을 두루 닦은 정신통일에는 큰 공덕과 이익됨이 있고, 정신통일을 두루 닦은 지혜에도 큰 공덕과 이익됨이 있나니, 이렇게 지혜를 두루 닦은 마음은 애욕·생존·견해(見解)·근본무지(根本無知) 등의 번뇌로부터 바르게 해탈할 수 있는 것이니라"라고.

여로(旅路)에 오르다

이와 같이 세존께서 라자가하에서 마음껏 머무신 후, 아난다 존자에게 말씀하셨다.

"자, 아난다여! 우리는 이제 암바라티카 동산으로 가자."

"잘 알았사옵니다, 세존이시여!"라고 아난다는 대답하였다.

그러자 세존께서는 많은 비구들과 함께 암바라티카 동산으로 향하셨다.

암바라티카 동산에 도착하신 세존께서는 '왕의 집'에 머무셨다. 세존께서 암바라티카 동산의 '왕의 집'에 머무시는 동안에도 비구들에게 수많은 가르침을 설하였다.

즉 "이것이 계율(戒)이니라. 이것이 정신통일(定)이다. 이것이 지혜이다. 또한 계율을 두루 닦은 정신통일에는 큰 공덕과 이익됨이 있고, 정신통일을 두루 닦은 지혜에는 큰 공덕과 이익이 있나니, 이렇게 지혜를 두루 닦은 마음은 애욕·생존·견해·근본무지 등의 번뇌로부터 바르게 해탈할 수 있는 것이니라"라고.

그리고 세존께서 암바라티카 동산에 마음껏 머무신 다음, 아난다 존자에게 말씀하셨다.

"자, 아난다여! 우리들은 이제 나란다로 가자."

"잘 알았사옵니다, 세존이시여!"라고 아난다는 대답하였다.

그러자 세존께서는 많은 비구들과 함께 나란다로 향하셨다. 그리고 나란다에 도착하신 세존께서는 그곳의 파바리카 상인의 망고 숲에 머무셨다.

세존께서 나란다에 머무시던 어느 날, 사리풋타(舍利弗) 존자가 세존의 처소에 왔다. 세존께 인사드리고 한쪽에 앉은 사리풋타 존자는 세존께 다음과 같이 사뢰었다.

"세존이시여! 저는 세존께 이러한 숭경(崇敬)의 생각을 품고 있사옵니다—어떤 사문이나 바라문도 바른 깨달음에 대해 세존만큼 심오하고 철저하게 도달한 사람은 과거에도 없었고, 미래에도 없을 것이며, 현재에도 물론 존재하지 않는다—라고."

"사리풋타여! 너의 그 말은 실로 위대하고 대단하다. 너는 이미 그 뜻을 확실하게 파악하여 사자후를 하였구나.

사리풋타여! 어떻느냐, 그렇게 말하는 너는 이미 이 세상에 나툰 수많은 존경받을 만한 분(應供), 바르게 깨달은 분(正等覺者), 그 모든 세존의 마음을 자신의 마음으로—이 세존은 이러한 계율을 지니셨고, 이러한 진리를 지니셨고, 이러한 지혜를 갖추셨고, 이러한 생활을 보냈고, 이러한 해탈을 하셨다—라고 익히 알고 있다는 것인가?"

"아니옵니다, 그렇지 않사옵니다, 세존이시여!"

"그럼 사리풋타여! 장차 이 세상에 나툴 수많은 존경받을 만한 이, 바른 깨달음을 얻는 분, 그 모든 세존의 마음을 자신의 마음으로—이 세존은 이러한 계율을 지니셨고, 이러한 진리를 지니셨고, 이러한 지혜를 갖추시고, 이러한 생활을 보내시며, 이러한 해탈을 깨달을 것이다—라고 익히 알고 있는가?"

"아니옵니다, 그렇지 않사옵니다, 세존이시여!"

"그렇다면 사리풋타여! 너는 지금 이 세상에서 바르게 깨닫고, 존경받을 만한 이가 된 나의 마음을 자신의 마음으로 ─세존은 이러한 계율을 지니시고, 이러한 진리를 지니시고, 이러한 지혜를 갖추시고, 이러한 생활을 보내시며, 이러한 해탈을 깨달으셨다─라고 익히 알고 있는 것인가?"

"아니옵니다, 그렇지 않사옵니다, 세존이시여!"

"사리풋타여! 진정 그렇다면 너에게는 과거·현재·미래의 모든 존경받을 만한 분, 바르게 깨달음을 얻은 이들에 대해서도 다른 사람의 마음을 읽는 통찰력(他心通)을 갖고 있는가?

사리풋타여! 너는 도대체 무엇을 근거로 그와 같은 위대하고 대단한 말을 토로하며, 그 의미를 확실하게 파악하여 사자후하는 것인가?"

"세존이시여! 지혜가 어리석은 저는 과거·현재·미래의 모든 존경받을 만한 분, 바른 깨달음을 얻은 이들에 대해서도 다른 사람의 마음을 읽는 통찰력 따위는 부릴 수 없사옵니다. 단지 세존이시여! 저는 '추론의 결과'를 아는 것에 지나지 않사옵니다.

세존이시여! 그것이 어떤 것인지 말씀드린다면, 마치 어느 나라의 도성(都城)이 변방에 있다고 한다면 그 도성은 주변이 견고한 성벽으로 에워싸여 있고, 또 견고한 성채와 성문이 있어 출입하는 문은 오직 하나뿐이옵니다. 게다가 세존이시여! 그 성문에는 슬기롭고 총명하고 지혜로운 문지기가 있어 모르는 자의 출입은 조금도 허락하지 않고, 아는 자만 성으로 들어갈 수 있도록 합니다. 또 그 문지기가 성벽의 주위를 철저하게 순찰하여 그 어디에도 고양이가 드나들 정도의 작은 구멍이나 틈도 찾아볼 수 없다고 한다면, 그는 ―이 성에 출입하려는 자는 사람이건 동물이건 모두 이 문으로만 출입해야만 한다―라고 생각할 것이옵니다. 세존이시여! 제가 알았던 '추론의 결과'라는 것도 바로 이러한 것이옵니다.

세존이시여! 과거의 수많은 존경받을 만한 분, 바른 깨달음을 얻은 이들이 계시온데, 그분들은 모두 다섯 가지 번뇌의 가림(五蓋)[2]을 버리고, 의욕을 일으키는 미세한 마음의 번뇌를 명확하게 알고, 네 가지 바른 사념을 성취한 경지(四念處)[3]에 마음을 오로지 머물고, 일곱 가지 깨달음의 지분(七覺支)[4]을 여실하게 수행하심으로써, 위없이 바른 깨달음(阿耨多羅三藐三菩提)에 도달하셨던 것이옵니다.

또한 세존이시여! 미래의 수많은 존경받을 만한 분, 바른 깨달음을 얻은 이께서 출현하실 것이온데, 그분들도 모두 다섯 가지 번뇌의 가림을 버리시고, 의욕을 일으키는 미세한 마음의 번뇌를 명확하게 아시며, 네 가지 바른 사념을 성취한 경지에 마음을 오로지 머무시고, 일곱 가지 깨달음의 지분을 여실히 수행하심으로써 위없이 바른 깨달음에 도달하실 것이옵니다.

그리고 무엇보다도 세존이시여! 세존이야말로 현재 존경받을 만한 분, 바른 깨달음을 얻으신 분이온데, 세존께서도 바로 그렇게 다섯 가지 번뇌의 가림을 버리시고, 의욕을 일으키는 미세한 마음의 번뇌를 명확하게 아시며, 네 가지 바른 사념을 성취한 경지에 마음을 오로지 머무시고, 일곱 가지 깨달음의 지분을 여실하게 수행하심으로써 더없이 바른 깨달음에 도달하셨다고 저는 이해하옵니다."

이렇게 이곳 나란다의 파바리카 상인의 망고 동산에 머무실 때에도 세존께서는 비구들에게 여러 가지 가르침을 설하셨던 것이다.

즉 "이것이 계율이니라. 이것이 정신통일이니라. 이것이 지혜이니라. 또 계율을 두루 닦은 정신통일에는 큰 공덕과 이익이 있고, 정신통일을 두루 닦은 지혜에도 큰 공덕과 이익이 있나니, 이렇게 지혜를 두루 닦은 마음은 애욕·생존·견해·근본무지 등의 번뇌로부터 바르게 해탈할 수 있는 것이니라"라고.

그리고 이와 같이 세존께서는 나란다에 흡족한 마음으로 머무신 후, 아난다 존자에게 말씀하셨다.

"자, 아난다여! 우리는 지금부터 파탈리 마을로 가자."

"잘 알았사옵니다, 세존이시여!"라고 아난다는 대답하였다.

그러자 세존께서는 많은 비구들과 함께 파탈리 마을로 향하셨다.

파탈리 마을의 신자들에게

 세존의 일행이 파탈리 마을에 도착하자 그 소식을 전해 들은 마을 신자들이 찾아왔다. 그들은 세존께 문안드리고 한쪽에 자리를 차지하고 앉았다. 자리에 앉은 파탈리 마을의 신자들은 세존께 여쭈었다.
 "세존이시여! 저희들이 마련한 집이 한 채 있사온데, 세존께서 그 곳에 머무시겠사옵니까?"
 신자들의 청을 세존께서는 침묵으로 허락하셨다.
 세존께서 허락하심을 안 파탈리 마을 신자들은, 자리에서 일어나 세존께 인사드리고 오른쪽으로 돌아 예를 표하고 떠났다. 그들은 다시 세존이 머무실 집으로 돌아와 마루 한쪽에 멍석을 깔았다. 그리고 그 위에 방석을 정돈하고 물병을 세우고 등불을 밝혔다. 이렇게 준비가 완료되자 파탈리 마을의 신자들은 다시 세존의 처소로 가 인사드리고 한쪽에 섰다. 한쪽에 서서 그들은 세존께 사뢰었다.
 "세존이시여! 앞서 말한 집은 곡식·방석·물병·등불 등의 준비가 모두 완료되었사옵니다. 부디 때를 헤아려 출발하시옵소서."
 그러자 세존께서는 가사를 입으시고, 발우를 손에 드시고 비구들과 함께 그 집으로 향하셨다. 집에 도착하신 뒤 발을 씻으시고, 안에 드시어 중앙의 기둥을 등지시고 동쪽을 향해 자리에 앉으셨다.

이어서 비구들도 발을 씻고 안으로 들어, 서쪽 벽을 등지고 세존을 정면으로 마주하는 형태로 자리에 앉았다. 마지막에 마을 사람들도 마찬가지로 발을 씻고 안으로 들어 동쪽 벽을 등지고 세존을 정면으로 우러르는 형태로 자리에 앉았다.

이렇게 하여 모두 자리에 앉자 세존께서는 파탈리 마을의 신자들에게 말씀하셨다.

"거사(居士)들이여! 세상 가운데에서도 계율을 위배하고 악습을 좇는 자에게는 다섯 가지 재난이 찾아오느니라. 그 다섯 가지란 무엇이겠는가?

거사들이여! 계율을 위배하고 악습을 좇는 자는 생활을 방종하게 한 결과 막대한 재산을 모두 탕진해 버리느니라. 이것이 그 첫째의 재난이다.

다음에 거사들이여! 계율을 위배하고 악습을 좇는 자에게는 나쁜 평판이 일게 되느니라. 이것이 그 둘째의 재난이니라.

또 거사들이여! 계율을 위배하고 악습을 좇는 자는 설령 왕족이나 바라문·자산가·사문 등, 의지와 행동이 바른 사람들을 만난다 해도, 마음의 두려움을 갖거나 자신을 부끄럽게 생각하나니, 이것이 세 번째의 재난이니라.

또 거사들이여! 계율을 위배하고 악습을 좇는 사람은, 마음이 미혹되어 어지럽게 죽을 때를 맞이하나니, 이것이 네 번째의 재난이니라.

또한 거사들이여! 계율을 위배하고 악습을 좇는 자는, 죽어서 오체(五體)가 무너진 다음 괴로운 세계나 악도(惡道)에 떨어져 지옥에 태어나나니, 이것이 다섯 번째의 재난이니라.

거사들이여! 계율을 위배하고 악습을 좇는 자에게는 이러한 다섯 가지 재난이 찾아오느니라.

거사들이여! 이것과는 반대로 계율을 지키고 좋은 관습을 지키는 자에게는 다섯 가지 복이 찾아오느니라. 그 다섯 가지란 무엇이겠는가?

거사들이여! 계율을 지니고 좋은 관습을 지키는 자는 생활을 방종하게 하지 않는 결과 막대한 재산을 모을 수 있나니, 이것이 그 첫째의 복이니라.

다음에 거사들이여! 계율을 지니고 좋은 관습을 지키는 자에게는, 반드시 좋은 평판이 나게 되나니, 이것이 그 둘째의 복이니라.

또 거사들이여! 계율을 지니고 좋은 관습을 지키는 자는, 설령 왕족과 바라문·자산가·사문 등 의지와 행동이 바른 사람을 접한다 해도 마음에 두려움을 갖거나 자신을 조금도 부끄럽게 생각하지 않나니, 이것이 세 번째의 복이니라.

또 거사들이여! 계율을 지니고 좋은 관습을 지키는 자는, 마음이 미혹해지거나 어지러운 상태로 죽음을 맞이하지 않나니, 이것이 네 번째의 복이니라.

또 거사들이여! 계율을 지니고 좋은 관습을 지키는 자는, 죽어서 오체가 무너진 다음, 선취(善趣)나 천계(天界)에 태어나나니, 이것이 다섯 번째의 복이니라.

거사들이여! 계율을 지니고 좋은 관습을 지키는 자에게는 이러한 다섯 가지의 복이 찾아오느니라."

이렇게 하여 세존께서는 파탈리 마을의 신자들에게 여러 가지 가르침을 설하시어 믿어 지니게 하시고, 그들을 격려하시고 기뻐하게 하셨는데, 그렇게 하는 동안 시간은 지나갔다.

그러자 세존께서는 마을 사람들에게 말씀하셨다.

"거사들이여! 밤도 매우 깊었나니, 때를 헤아려 집으로 돌아감이 좋으리라."

"잘 알았사옵니다, 세존이시여!"라고 마을 사람들은 대답하였다. 그리고 세존께 작별 인사를 드린 다음, 오른쪽으로 도는 예를 표하고 각각 자신의 집으로 돌아갔다.

세존께서는 그들을 멀리까지 배웅한 다음, 공중을 날아 집으로 드셨다.

때마침 마가다 국에서는 이웃 나라 밧지 족의 침공을 막기 위해, 파탈리 마을에 새로운 성을 쌓고자 하였는데, 스니다와 바사카라 두 대신이 그 임무를 담당하였다.

그런데 이 파탈리 마을은 당시 천(千)을 헤아릴 만큼 많은 신(神)들이 수호하는 곳이었다. 대개 신들 가운데에서도 위력이 큰 신이 수호하는 지방에는 위력이 큰 왕이나 대신이 성을 축조하려고 마음먹고, 위력이 중간 정도인 신이 수호하는 지방에는 위력이 중간 정도인 왕이나 대신이 성을 축조하려고 마음먹고, 위력이 약한 신이 수호하는 지방에는 위력이 약한 왕이나 대신이 성을 축조하려고 하였다.

세존께서는 사람의 능력을 초월한 청정한 지혜의 눈으로, 천을 헤아릴 정도의 많은 신들이 파탈리 마을을 수호하고 있음을 보셨다. 그리고 세존께서는 다음날 아침 일찍 일어나시어 아난다 존자에게 말씀하셨다.

"아난다여! 도대체 누가 이 파탈리 마을에 성을 축조하려 하느냐?"

"세존이시여! 스니다와 바사카라라는 두 명의 마가다 국 대신이 이웃 나라 밧지 족의 침공을 막기 위해 파탈리 마을에 성을 축조하고 있사옵니다."

"아난다여! 이 파탈리 마을에서 성을 축조하고 있는 스니다와 바사카라라는 두 명의 마가다 대신은, 도리천[5]의 신들에게 물어서 이 땅을 선택한 것 같다. 그만큼 이 땅은 좋은 땅이니라.

아난다여! 나는 어젯밤, 사람의 능력을 초월한 청정한 지혜의 눈으로, 천을 헤아릴 정도의 많은 신들이 이 파탈리 마을을 지키고 있음을 보았느니라.

아난다여! 대개 신들 가운데에서도 위력이 큰 신이 수호하는 지방에는 위력이 큰 왕이나 대신이 성을 축조하려고 마음먹는다.

또 아난다여! 위력이 중간 정도의 신이 수호하는 지방에는 위력이 중간 정도인 왕이나 대신이 성을 축조하려고 마음먹고, 위력이 약한 신이 수호하는 지방에는 위력이 약한 왕이나 대신이 성을 축조하려고 마음먹는다.

그리고 아난다여! 이 지방이야말로 도리천의 신들처럼 위력이 큰 신이 수호하는 곳이니라.

아난다여! 이곳은 고귀한 장소이며, 또한 상인들의 교차 지점인 한, 이 파탈리 마을은 마가다 제1의 도시가 되고, 물자의 집산지가 될 것이니라.

그러나 아난다여! 파탈리 마을에는 그 번영을 해치는 세 가지 장애가 있을 것이니라. 세 가지 장애란 불(火)에 의한 것, 물(水)에 의한 것, 그리고 사람들의 불화(不和)에 의한 것이니라."

마가다 국의 스니다와 바사카라 두 대신은, 세존께서 파탈리 마을에 머무신다는 것을 알고, 세존께 인사드리러 왔다. 세존께 문안드리고 즐거운 마음으로 인사말을 주고받은 다음, 한쪽에 선 두 명의 마가다 국 대신은 세존께 여쭈었다.

"존자 고타마시여! 오늘의 공양은 비구들과 함께 반드시 저희들의 처소에서 하시옵소서."

세존께서는 침묵으로 그들의 청을 승낙하셨다.

세존의 허락을 받은 마가다 국의 두 대신은, 자신들의 숙소로 돌아와 곧바로 딱딱하거나 부드러운 갖가지 맛있는 음식을 준비하였다. 이렇게 하여 공양준비가 모두 끝나자, 세존의 처소에 심부름꾼을 보내어, "고타마시여! 공양시간이 되었사옵니다. 준비도 다 되었사옵니다. 부디 출발하소서"라고 전하도록 했다.

그러자 세존께서는 점심때가 되기 전에 가사를 입으시고, 발우를 손에 드시고 비구들과 함께 마가다국의 두 대신이 머무는 숙소에 도착하시어 마련된 자리에 앉으셨다.

두 명의 마가다 국 대신은, 세존을 수좌(首座)로 한 비구들에게 딱딱하거나 부드러운 갖가지 맛있는 공양을 이르지 않는 곳이 없도록 곳곳에 직접 공양 올렸다.

이렇게 하여 세존께서 공양을 다 마치시고 발우에서 손을 떼시니, 스니다와 바사카라 두 대신은 아래쪽 한 곳에 자리를 차지하고 앉았다.

마가다 국의 두 대신이 자리에 앉자 세존께서는 다음과 같은 시(詩)를 설하시어 감사의 뜻을 표시하였다.

현명한 사람 머물면서
그곳에서 자제와 계행으로
애써 노력하여 청정행자를
공양함이 많으면

신들도 그곳에 강림(降臨)하여
축사(祝詞)를 읽으니
시물과 공물이 많으면
그들은 신들에게도 즐거이 공양하네

마치 어미가 자식을
사랑하듯 사랑해 주니
그 사람은 행복을 항상 보리.

 이렇게 세존께서는 두 명의 마가다 국 대신에게 시구를 설하시어, 마음을 즐겁게 하신 다음 자리에서 일어나 돌아가셨다.
 그 뒤 스니다와 바사카라 두 대신도 배웅하러 나왔는데, 그때 두 사람은 이렇게 생각하였다.
 "오늘 이 순간부터 사문 고타마께서 나가신 문을 '고타마 문(門)'이라 하고 또 갠지즈 강을 건너신 곳을 '고타마 나루터'라 부르고자 한다"라고. 이렇게 하여 세존께서 나가신 문을 '고타마 문'이라고 명명했던 것이다.
 이리하여 세존께서는 갠지즈 강변까지 오셨다.
 이때 강물은 강둑 가득히 차올라 까마귀조차 강물을 먹을 정도로 강변 가까이 있었다. 그리고 강변에는 강을 건너려는 사람들이 여기 저기 보였다. 그들 가운데 어떤 이들은 배를 찾아 다니고, 어떤 이들은 뗏목을 찾아 다녔다. 또 어떤 이들은 대나무 뗏목을 엮고자 했다. 그때 세존께서는, 마치 힘센 사나이가 팔을 폈다 굽힐 정도의 짧은 순간에 홀연히 비구들과 함께 저쪽 언덕으로 건너셨다.

그리고 세존께서는 사람들이 강을 건너고자 배를 찾아 다니고 뗏목을 찾아다니며, 또는 대나무 뗏목을 엮고 있는 광경을 보셨는데, 그 의미하는 바를 아시어 다음과 같은 감흥의 시를 노래하셨다.

흐르는 대로 맡겨두지 아니하고
배나 뗏목을 만드는 동안
얕은 여울을 선택하여
건너는 그야말로 지혜로운 사람이네.

제 2 장 발 병(發病)

코티 마을에서 설법 — 사성제(四聖諦)

이렇게 갠지즈 강을 건너신 세존께서는 아난다 존자에게 말씀하셨다.

"자! 아난다여! 우리들은 이제부터 코티 마을로 가자."

"잘 알았사옵니다, 세존이시여!"라고 아난다는 대답하였다.

이리하여 세존께서는 많은 수의 비구들과 함께 코티 마을에 드시어 머무셨다.

그곳에서 세존께서는 비구들에게 말씀하셨다.

"비구들이여! 사람은 '네 가지 성스러운 진리(四聖諦)'[6]의 의미를 잘 이해하지 못하고 그 깊은 뜻에 도달하지 못하면, 이 세상에서 저 세상으로 한없이 미망된 생존을 반복하여 머물 곳이 없느니라. 그럼 네 가지 성스러운 진리란 무엇인가? 그것을 이제부터 차례로 설하리라.

비구들이여! 이 세상은 '괴로움이라는 성스러운 진리(苦諦)'를 이해하지 못하고 그 깊은 뜻에 도달하지 못하면, 사람은 이 세상에서 저 세상으로 한없이 미망된 생존을 반복하여 머물 곳이 없느니라.

다음에 비구들이여! '괴로움의 원인이라는 성스러운 진리(集諦)'를 잘 이해하지 못하고 그것의 깊은 뜻에 도달하지 못하면, 사람은 이 세상에서 저 세상으로 한없이 미망된 생존을 반복하여 머물 곳이 없느니라.

마찬가지로 비구들이여! '괴로움의 원인의 멸진이라는 성스러운 진리(滅諦)'를 잘 이해하지 못하거나 '괴로움의 원인의 멸진으로 인도하는 성스러운 진리(道諦)'를 잘 이해하지 못하고 이것의 깊은 뜻에 도달하지 못하면, 사람은 이 세상에서 저 세상으로 한없이 미망된 생존을 반복하여 머물 곳이 없느니라.

반대로 비구들이여! '괴로움이라는 성스러운 진리'를 잘 이해하고 그것의 깊은 의미에 도달한 사람, 혹은 '괴로움의 원인이라는 성스러운 진리', '괴로움의 원인의 멸진이라는 성스러운 진리', '괴로움의 원인의 멸진으로 인도하는 성스러운 진리'를 각각 잘 이해하고, 그것의 깊은 뜻에 도달하는 사람은, 생존에 대한 갈애, 생존의 원인이 되는 것을 단절하고, 다시 미망된 태어남(生)을 받지 않느니라."

이런 네 가지 성스러운 진리를 설하신 세존, 원만한 분(善逝), 큰 스승(大師)께서는 그것의 요지를 거듭 다음과 같이시(詩)로 요약하셨다.

　네 가지 성스러운 진실을
　여실히 알지 못하는 까닭에
　긴 밤의 윤회를
　이 세상에서 저 세상으로 받네

　생존의 근본이 되는
　갖가지의 견해를 버리고
　괴로움의 근원을 단절하는 그 사람에게
　재생의 몸은 거듭되지 않으리.

　이처럼 코티 마을에 머무실 동안에도 세존께서는 비구들에게 여러 가지 가르침을 설하셨던 것이다.
　즉, "이것이 계율이니라. 이것이 정신통일이다. 이것이 지혜이니라. 또 계율을 두루 닦은 정신통일에는 큰 공덕과 이익이 있고, 정신통일을 두루 닦은 지혜에도 큰 공덕과 이익이 있나니, 이렇게 지혜를 두루 닦은 마음은 애욕·생존·견해·근본무지 등의 번뇌로부터 바르게 해탈할 수 있는 것이니라"라고.

나디카 마을에서 —죽음에 대하여

이렇게 코티 마을에서 충분히 머무신 다음, 세존께서는 아난다 존자에게 말씀하셨다.
"자, 아난다여! 우리들은 이제 나디카 마을로 가자."
"잘 알았사옵니다, 세존이시여!"라고 아난다 존자는 대답하였다.
이렇게 하여 세존께서는 많은 비구들과 함께 나디카 마을로 향하셨다. 그리고 나디카 마을에 도착하시어, 그곳 '연와(煉瓦)의 집'에서 머무셨다.
세존께서 '연와의 집'에 머무시던 어느 날, 아난다 존자가 세존의 처소로 왔다. 그리고 인사를 드린 다음 한쪽에 앉았다. 자리에 앉은 아난다 존자는 세존께 다음과 같이 사뢰었다.
"세존이시여! 이 나디카 마을에서 사루하라는 비구가 죽었사온데 이 비구는 그후 어떤 세계에서 태어나며, 그의 운명은 어떻게 되어 있사옵니까?
또한 세존이시여! 이 나디카 마을에서 난다라는 비구니가 죽었사온데, 이 비구니는 그후 어떤 세계에 태어나며, 그의 운명은 어떻게 되어 있사옵니까?
또한 세존이시여! 이 나디카 마을에서는 스다타라는 재가 신자(우바새)가 죽었사온데, 이 신자는 그후 어떤 세계에 태어나며, 그의 운명은 어떻게 되어 있사옵니까?

거듭 세존이시여! 이 나디카 마을에서는 스자타라는 여성 재가신자(우바이)가 죽었사온데, 이 신자는 그 후에 어떤 세계에 태어나며, 그의 운명은 어떻게 되어 있사옵니까?

그리고 세존이시여! 이 나디카 마을에서는 이 외에도 카쿠다, 카링가, 니카타, 카티사바, 투타, 산투타, 밧다, 스밧다 등의 재가신자도 죽었사온데, 이들 신자들은 그 뒤 도대체 어떤 세계에 태어나며, 운명은 어떻게 되어 있사옵니까? 반드시 들려주소서."

이것에 대해 세존께서는 다음과 같이 말씀하셨다.

"아난다여! 그들이 간 곳은 다음과 같느니라. 먼저 사루하 비구는 살아 있는 동안에 번뇌를 멸진하고, 더럽지 않은 정적(情的)·지적(知的)인 해탈을 스스로 깨닫고 체득하였다. 따라서 이 비구는 깨달음의 세계에 들어, 다시는 어리석은 생존을 받지 않느니라.

다음에 아난다여! 난다 비구니는 다섯 가지 번뇌[7]를 멸진하여 좋은 세계에 화생(化生)[8]하였다. 이 비구니는 천계(天界)에서 직접 깨달음의 세계에 들어, 다시는 이 세상에 되돌아오지 않느니라(不還).

또 아난다여! 스다타 신자는 세 가지 커다란 번뇌를 멸진하고, 또한 욕심·성냄·어리석음이라는 세 가지 마음의 독이 엷게 되었으므로 '한 번만 되돌아오는 이(一來)'가 되었다. 이 신자는 다시 한 번만 이 세상에서 생(生)을 받아 괴로움을 남김없이 멸진하고 깨달음의 세계에 들 것이니라.

그리고 아난다여! 스자타라는 여성 신자는 세 가지 큰 번뇌[9]를 멸진하고 '성자의 흐름에 든 이(預流果)'가 되었다. 이 여성 신자는 이제는 나쁜 세계에 떨어지는 일이 없으며, 반드시 바른 깨달음을 얻을 것이다.

아난다여! 이 밖에 카쿠다 신자는 다섯 가지 거친 번뇌를 멸진하여 좋은 세계에 화생하였다. 이 신자는 그 천계에서 직접 깨달음의 세계에 들어 다시 이 세상에 되돌아오지 않으리라.

마찬가지로 아난다여! 카링가, 니카타, 카티사바, 투타, 산투타, 밧다, 스밧다 등의 재가신자도 다섯 가지 거친 번뇌를 멸진하여 좋은 세계에 화생하였다. 이들 신자들도 그 천계에서 직접 깨달음의 세계에 들어 다시 이 세상에는 되돌아오지 않는다.

아난다여! 이 나디카 마을에서는 50명이 넘는 재가신자들이 죽었는데, 이들 신자들은 다섯 가지 거친 번뇌를 멸진하여 좋은 세계에 화생하였다. 이들 신자들도 그 천계에서 직접 깨달음의 세계에 들어 다시는 이 세상에 되돌아오지 않는다.

아난다여! 또 이 나디카 마을에는 90명이 넘는 재가신자들이 죽었는데, 이들 신자들도 세 가지 번뇌를 멸진하고, 또 욕심·성냄·어리석음이라는 세 가지 마음의 독이 엷어졌기 때문에 '한 번만 돌아오는 이(一來)'가 되었다. 이들 신자들도, 다시 한 번만 이 세상에서 생을 받고 괴로움을 남김없이 멸진하여 깨달음의 세계에 들 것이니라.

또한 아난다여! 이 나디카 마을에서는 5백 명이 훨씬 넘는 재가신자들이 죽었는데, 이들 신자들도 세 가지 큰 번뇌를 멸진하여 '성자의 흐름에 든 이(預流果)'가 되었다. 이들 신자들도 나쁜 세계에 떨어지는 일은 없으며, 반드시 바른 깨달음을 얻을 것이 확정되어 있다.

아난다여! 이와 같이 죽은 뒤의 일에 대해 아는 것은, 여래에게 있어서는 별로 불가사의한 일은 아니니라. 그러나 사람이 죽은 후 일일이 여래의 처소에 와 묻는 것은 번쇄(煩瑣)하고 번거롭다.

그래서 아난다여! 이제부터 나는 '진리의 거울(法鏡)'이라는 가르침을 설하리라. 이 가르침을 잘 이해할 수 있다면, 성스러운 제자들은 '나에게는 지옥의 경계는 다했다. 축생의 경계, 아귀의 경계, 나쁜 경계에 떨어진 조건은 모두 다했다. 나는 성자의 흐름에 든 이가 되어 깨달음의 세계에서 물러나지 아니하고, 틀림없이 바른 깨달음으로 나아가는 이가 되었다'라고, 각자 원하는 그대로 확실하게 알 수 있을 것이니라.

그럼 아난다여! 그것을 잘 이해할 수 있다면, 성스러운 제자들이 '나에게는 지옥의 경계는 다했다. 축생의 경계, 아귀의 경계, 나쁜 경계에 떨어지는 조건은 모두 다했다. 나는 성자의 흐름에 든 이가 되어 깨달음의 세계에서 물러나지 아니하고, 틀림없이 바른 깨달음으로 나아가는 이가 되었다'라고, 각자 원하는 그대로 확실하게 알 수 있는 '진리의 거울'이라는 가르침은 어떤 것이겠는가?

그것은 아난다여! 제일 먼저 성스러운 제자가 세존에 대해서 절대적인 신앙을 품어, '저 세존께서는 이렇게 존경받을 만한 분(阿羅漢), 바른 깨달음을 얻은 분(正等覺者), 지성과 행동을 갖춘 분(明行足), 원만한 분(善逝), 세간을 아는 분(世間解), 위없는 분(無上士), 사람을 잘 다스리는 스승(調御丈夫), 신들과 인간의 스승(天人師), 깨달은 분(佛), 지복한 분(世尊)이다'라고 믿는다.

또한 가르침에 대해 절대적인 신앙을 품어, '세존에 의해 설해진 이 가르침은 진리를 깨달을 수 있는 것, 때를 놓치지 않고 효과적으로 나타내는 것, 이 장소에서 알 수 있는 것, 깨달음으로 인도하는 것, 지자(智者)로서 각자 알아야만 하는 것'이라고 믿는다.

또 승가에 대해 절대적인 신앙을 품어, '세존과 제자들의 모임은 바른 목적을 향하고, 바른 길을 목적으로 하며, 올바르게 목적을 향하고 있다'고 믿는다.

이런 사람들은 곧 네 쌍·여덟 종류의 사람들(四雙八輩)[10]이니라.

또한 '세존과 제자들의 모임은 공양을 받을 만하고, 대접받을 만하며, 합장 예배 받을 만하며, 세상에서 최상의 복덕을 낳게 하는 밭(福田)이다'라고 믿으며, 성자들을 기뻐하고,

불괴(不壞)·부단(不斷)·불가(不瑕)·부잡(不雜)·자유(自由)롭게 하고, 식자(識者)들을 칭찬하며, 집착하지 아니하고 정신통일(三昧)로 나아가며, 몸에 계를 구족하는 것이니라.

아난다여! 이러한 '진리의 거울'이라는 가르침을 구족한 성스러운 제자들은 바라는 대로 각자 '나에게는 지옥의 경계는 다했다. 축생의 경계·아귀의 경계·나쁜 경계에 떨어지는 조건은 모두 다했다. 나는 '성스러운 흐름에 든 이'가 되었고, 깨달음의 세계에서 물러나지 않으며, 틀림없이 바른 깨달음으로 나아가는 이가 되었다'라고 확실하게 알 수 있을 것이니라."

이렇게 나디카 마을의 '연와의 집'에 머무실 때도, 세존께서는 비구들에게 많은 가르침을 설하셨다.

즉 "이것이 계율이니라. 이것이 정신통일이니라. 이것이 지혜이다. 또한 계율을 두루 닦은 정신통일에는 큰 공덕과 이익이 있고, 정신통일을 두루 닦은 지혜에도 큰 공덕과 이익이 있나니, 이렇게 지혜를 두루 닦은 마음은 애욕·생존·견해·근본무지 등의 번뇌로부터 바르게 해탈할 수 있는 것이니라"라고.

상업도시 베살리에서

나디카 마을에서 이렇게 마음껏 머무신 다음, 세존께서는 아난다 존자에게 말씀하셨다.

"자! 아난다여! 우리들은 이제부터 베살리로 가자."

"잘 알았사옵니다, 세존이시여"라고 아난다 존자는 대답하였다.

그리고 세존께서는 많은 수의 비구들과 함께 베살리로 향하셨다. 베살리에 도착하신 세존께서는 마을 한편의 암바팔리 동산에 머무셨다.

다시 그곳에서 세존께서는 비구들에게 말씀하셨다.

"비구들이여! 비구다운 이는 바르게 사념(思念)하고, 바르게 의식을 보전하여 지내야만 하느니라. 이것이 내가 너희들에게 해주는 계율의 말이니라.

비구들이여! 비구가 바르게 사념한다는 것은 어떠한 것이겠는가? 비구들이여! 그것은 이러한 것이다. 여기에 어떤 비구가 있다 하자. 그가 몸에 대해 이것을 잘 관찰하고 진정 바르게 의식을 보전하며, 바르게 사념하고, 세간에 있더라도 탐욕이나 근심을 벗어나 사는 것, 비구들이여! 이것이 바르게 사념하는 것이니라.

다음에 비구들이여! 바르게 의식을 보전한다는 것은 어떠한 것이겠는가?

비구들이여! 그것은 이러한 것이니라. 여기에 어떤 비구가 있어, 그가 앞으로 나아갈 때도 뒤로 물러날 때도 바르게 의식을 보전하여 행하며, 앞을 볼 때도 뒤를 볼 때도 바르게 의식을 보전하여 행하며, 몸을 굽힐 때도 펼 때도 바르게 의식을 보전하여 행하며, 상가티 옷(衣)[11]과 발우, 옷을 수지(受持)할 때도 바르게 의식을 보전하여 행하며, 먹거나 마시거나 맛을 볼 때도 바르게 의식을 보전하여 행하며, 대소변을 볼 때도 바르게 의식을 보전하여 행하며, 걷거나 멈추거나 앉거나 잠자거나 혹은 깨거나 말하거나 침묵할 때도 바르게 의식을 보전하여 행하는 것, 이것이 비구들이여! 바르게 의식을 보전한다는 것이니라.

비구들이여! 비구다운 이는 이렇게 바르게 사념하고, 바르게 의식을 보전하여 지내야만 한다. 이것이 내가 너희에게 해주는 계율의 말이니라."

유녀(遊女) 암바팔리와 리차비 족 사람들

그리고 당시 베살리 마을에는 암바팔리라는 유명한 유녀가 살고 있었다. 유녀(遊女) 암바팔리는 "세존께서 이 베살리에 도착하시어 자신의 망고 동산에 머물고 계신다"는 소식을 들었다.

그리하여 서둘러 그녀는 화려하게 장식한 소가 끄는 수레를 몇 대를 거느리고, 자신도 그 가운데 한 대를 타고 베살리를 출발하여, 자신의 망고 동산으로 갔다. 그리고 수레가 더 나아갈 수 없는 곳에 이르러서는 수레에서 내려 세존의 처소까지 걸어갔다.

세존의 옆에 다다른 유녀 암바팔리는 세존께 인사드리고 한쪽에 앉았다.

세존께서는 여러 가지 가르침을 그녀에게 설하시어 믿어 지니게 하시고, 그녀를 격려하시고 기쁘게 하셨다. 그렇게 세존께서 설하시니 기쁨에 넘친 유녀 암바팔리는 세존께 다음과 같이 사뢰었다.

"세존이시여! 내일은 여러 비구들과 함께 부디 저의 공양을 받아 주소서."

그의 청을 세존께서는 침묵으로 수락하셨다. 세존이 수락하셨음을 안 유녀 암바팔리는 자리에서 일어나 세존께 인사드리고, 오른쪽으로 도는 예를 표하고 그 자리를 떠났다.

한편 같은 무렵 베살리의 명문 리차비 족 사람들도 "세존께서 베살리에 도착하시어 암바팔리 망고 동산에 머물고 계신다"는 소식을 들었다.

그러자 리차비 족 사람들은 서둘러 화려하게 장식한 소가 끄는 수레 몇 대를 거느리고, 사람마다 그 가운데 한 대씩 나누어 타고 베살리를 출발하였다. 어떤 이들은 푸른 복장, 푸른 옷과 푸른 장신구로 몸을 치장하고, 어떤 이는 노란 복장, 노란 옷과 노란 장신구로 몸을 치장하였으며, 또 어떤 이는 빨간 복장, 빨간 옷과 빨간 장신구로 몸을 치장하였을 뿐만 아니라 어떤 이는 하얀 복장, 하얀 옷과 하얀 장신구로 몸을 치장하고 있었다.

이와 같이 하여 마을을 출발한 리차비 족 사람들의 수레는, 마을로 돌아오는 유녀 암바팔리의 마차와 뜻하지 않게 도중에서 부딪치게 되었다. 그때 유녀 암바팔리의 수레는 수레축과 바퀴, 멍에로 각각 리차비 족 사람들의 수레를 뒤엎어 버리게 되었다. 그러자 화가 난 리차비 족 사람들은 유녀 암바팔리를 질책하여 다음과 같이 말하였다.

"암바팔리여! 그대는 도대체 무슨 이유로 우리의 수레를, 수레축과 수레바퀴, 멍에로 모두 엎어 버렸는가?"

"아니 어르신들! 부디 용서해 주십시오. 실은 내일, 세존을 비구들과 함께 공양에 초대하게 되었기에 너무 서두른 탓이옵니다."

"뭐라고? 세존을 초대했기 때문이라고? 그럼 암바팔리! 그 권리를 십만금(十万金)으로 우리들에게 양도하지 않겠소?"

"아니옵니다, 어르신! 설령 이 풍요로운 베살리 마을 전부를 준다고 해도 그것만은 양도할 수 없사옵니다. 고맙지만 사양하겠습니다."

유녀 암바팔리에게 거절당한 리차비 족 사람들은 땅을 치고 후회하면서 말하였다.

"여러분! 참으로 유감스럽도다. 우리들은 이 여자에게 지고 말았다. 우리들은 이 여자에게 선수를 빼앗겨 버린 것이오."

이렇게 유녀에게 선수를 빼앗긴 리차비 족 사람들은 이윽고 세존이 계시는 암바팔리의 망고 동산에 도착하였다.

리차비 족 사람들이 오는 것을 멀리에서 보신 세존께서는 비구들에게 말씀하셨다.

"비구들이여! 너희들 가운데 아직 도리천의 신들을 본 적이 없는 사람은, 저기 오고 있는 리차비 족 일행을 잘 보고 관찰함이 좋으리라. 그리하여 그들의 모습에서 도리천의 신들을 상상함이 좋으리라."

리차비 족 사람들은 수레가 더 나아갈 수 없는 곳에 이르러 수레에서 내려 세존의 처소까지 걸어왔다. 그리고 세존께 인사드린 다음 한쪽에 자리를 차지하고 앉았다. 그들이 자리에 앉았을 때, 세존께서는 여러 가지 가르침으로써 그들에게 설하여 믿어 지니게 하고, 그들을 격려하시며 기뻐하게 했다.

이렇게 세존께서 법을 설하시니, 믿고 지니고 격려받고 기뻐한 리차비 족 사람들은 세존께 다음과 같이 사뢰었다.

"세존이시여! 내일은 비구들과 함께 부디 저희의 공양을 받아 주소서."

"리차비 족 여러분! 여러분의 마음은 고맙지만, 내일은 암바팔리의 공양을 받기로 되어 있으니 여러분의 청을 받아들일 수 없군요."

세존의 이러한 대답에 리차비 족 사람들은 땅을 치고 후회하면서 말하였다.

"여러분! 참으로 유감스럽소. 역시 우리들은 그 여자에게 지고 만 것이오. 우리들은 역시 그 여자에게 선수를 빼앗겨 버린 것이오."

청을 거절당한 리차비 족 사람들은 그러나 세존의 가르침에 대단히 기쁜 마음으로 자리에서 일어나 세존께 작별 인사를 드리고, 오른쪽으로 돌아 예를 표하고서 세존의 거처를 떠났다.

다시 이리하여 하룻밤을 보낸 다음날, 유녀 암바팔리는 자신의 정원에 딱딱하고 부드러운 갖가지 음식을 준비하고, 사람을 보내어 세존께 알리게 했다.

"때가 되었사옵니다, 세존이시여! 공양 준비도 완료되었사옵니다"라고.

그러자 세존께서는 점심때가 되기 전에 가사를 입으시고, 발우를 손에 드시고, 비구들과 함께 유녀 암바팔리의 집으로 향하셨다. 그리고 도착하시어 마련된 자리에 앉으셨다. 그러자 유녀 암바팔리는 부처님을 상수로 한 비구들에게 딱딱하고 부드러운 갖가지 음식을 손수 올려, 모두를 만족하게 했다.

이렇게 하여 공양을 끝내고 세존께서 발우에서 손을 떼시니, 유녀 암바팔리는 아래쪽에 자리를 마련하고 한쪽에 앉았다. 자리에 앉은 유녀 암바팔리는 세존께 다음과 같이 사뢰었다.

"세존이시여! 이 정원을 부처님을 상수로 하는 비구들에게 기진(기증)하겠사옵니다. 부디 수락하여 주소서."

세존께서는 이 청을 수락하셨다. 여기에서 세존께서는 여러 가지 가르침으로 유녀 암바팔리에게 설하시어 믿어 지니게 하시고, 그녀를 격려하시고 기뻐하게 하셨다. 그리고 자리에서 일어나시어 암바팔리의 거처를 떠나셨다.

이렇게 베살리에 머무시는 동안에도 세존께서는 비구들에게 여러 가지 가르침을 설하셨던 것이다.

즉 "이것이 계율이니라. 이것이 정신통일이다. 이것이 지혜이니라. 또한 계율을 두루 닦은 정신통일에는 큰 공덕과 이익됨이 있고, 정신통일을 두루 닦은 지혜에도 큰 공덕과 이익됨이 있나니, 이렇게 지혜를 두루 닦은 마음은 애욕·생존·견해·근본무지 등의 번뇌로부터 바르게 해탈할 수 있는 것이니라"라고.

벨루바 마을에서 —발병(發病)

이렇게 암바팔리의 망고 동산에서 마음껏 머무신 다음 세존께서는 아난다 존자에게 말씀하셨다.

"자, 아난다여! 우리들은 이제부터 벨루바 마을로 가자."

"잘 알았사옵니다. 세존이시여!"라고 아난다 존자는 대답하였다.

이리하여 세존께서는 많은 비구들과 함께 벨루바 마을로 향하셨다. 마을에 도착하신 세존께서는 마을에서 머무셨다.

그곳에서 세존께서는 비구들에게 말씀하셨다.

"자, 비구들이여! 너희들은 벗·지인(知人)·지기(知己)를 의지하여 베살리로 가는 것이 좋으리라. 그리고 그곳에서 우기(雨期)를 지내도록 하여라. 나는 이 벨루바 마을에 남아 우기를 보내리라."

"잘 알았사옵니다, 세존이시여!"라고 비구들은 대답하였다. 그리고 각각 벗·지인·지기를 의지하여 베살리의 각 지방에 흩어져 그곳에서 우기를 맞이하였다. 그러나 세존만은 혼자 이곳 벨루바 마을에 머무시면서 우기를 맞이하셨다.

한편 우기에 접어든 지 얼마 되지 않아, 세존께서는 중병(重病)에 걸리셨다. 심한 고통이 엄습하여 죽어 버릴 것만 같았지만, 세존께서는 바르게 사념하시고, 바르게 의식을 보존하시고 마음이 번잡하지 않게 하여 고통을 참으셨다.

그때 세존께서는 다음과 같이 생각하셨다.

'내 가까이에서 시봉하는 이들에게는 여태껏 아무것도 말하지 않았다. 또 비구들에게는 한 번도 깨달음의 기회를 주지 않은 채 열반에 들어 버린다는 것은 붓다의 행위가 아니다. 그러므로 지금은 정진(精進)으로 이 병을 극복하고, 유수행(留壽行 : 생명을 연장하는 행위)을 확립하여 머물도록 하자'라고.

이리하여 세존께서는 정진으로 그 병을 극복하시고 유수행을 확립하시어 지내셨다. 그렇게 하는 동안 세존께서는 병에서 회복되셨다.

그토록 심하던 병도 차츰 치유되어 곧 병석에서 일어나신 세존께서는, 정사의 뒤뜰에 자리를 마련하시어 앉으셨다. 아난다 존자가 그곳으로 찾아와 세존께 인사드리고 한쪽에 앉았다. 한쪽에 앉은 아난다 존자는 세존께 다음과 같이 사뢰었다.

"세존이시여! 오늘은 편안하게 보이옵니다. 세존께서는 이제 병도 치유되시어 모든 것을 견딜 수 있을 듯이 보이옵니다. 세존의 옥체는 아직 완쾌된 것 같지는 않지만 특별히 나쁜 곳이 있는 것 같지는 않사옵니다. 세존이시여! 세존께서 편찮으신 동안 저에게는 티끌 만한 불안도 없었사옵니다. 저는 '한 숨 돌리는 정도의 시간이다'라고 믿어 의심하지 않았사옵니다. '세존께서는 비구들에게 별도로 어떤 가르침을 내리시지 않는 동안에는 결코 열반에 드시는 일은 없다.'라고."

"아난다여! 비구들은 나에게 무엇을 기대하고 있느냐? 아난다여! 나는 안과 밖이 다르지 않은 가르침을 설하였느니라. 아난다여! 여래의 가르침에는 중요한 것은 비밀로 한다는 따위는 없느니라.

또 아난다여! 만약 어떤 사람이 '비구의 모임을 내가 지도하고 있다'든가, 혹은 '비구의 모임은 나의 지시를 따르고 있다'고 생각하지 마라. 여래는 비구 승단을 위해 더 말할 것이 없느니라.

그러나 아난다여! 여래는 '비구의 모임은 내가 지도하고 있다'든가, 혹은 '비구의 모임은 나의 지시를 따르고 있다'고 생각한 일은 결코 없느니라. 따라서 아난다여! 여래가 비구의 모임에 대해 어떤 지시를 한다는 것은 있을 수 없느니라.

그러나 아난다여! 이제 나도 늙었다. 나이를 먹어 고령이 되었느니라. 장년기를 지나 노년기에 이르렀다. 나도 이제 나이 여든이 되었다.

아난다여! 마치 낡은 수레를 가죽끈으로 묶어 겨우 움직이는 것처럼 나의 몸도 가죽끈으로 묶어 겨우 조금씩 움직이고 있는 것과 같느니라.

아난다여! 여래가 모든 모습(想)을 마음으로 생각하여 그리지 않고, 어떤 감수(感受)가 있다면 그것을 멸하여, 모습(相·刑) 없는 마음의 평정(無相心定)을 구족하여 지낼 때, 아난다여! 여래의 몸은 평안해지는 것이다.

그러므로 아난다여! 너희들 비구도 자신을 의지처로 하고 자신에게 귀의할 것이며 타인을 귀의처로 하지 말라. 또 진리를 의지처로 하고 진리에 귀의할 것이며, 다른 것에 귀의하지 말라.

아난다여! 비구가 자신을 의지처로 하고 자신에게 귀의하여 지내는 것, 그리고 진리를 의지처로 하고 진리에 귀의하며 다른 것에 귀의하지 않고 지내는 것은 어떤 것이겠는가?

여기서 아난다여! 비구가 몸에 대해 그것을 잘 관찰하고 진정 바르게 의식을 보전하며, 바르게 사념하고 세간에 대해서도 탐욕·근심을 초월하여 사는 것, 내지는 몸만이 아니라 감수와 마음·모든 존재물에 대해서도 마찬가지로 그것을 잘 관찰하고 진정 바르게 의식을 보전하며, 바르게 사념하고 세간에 대해 탐욕과 근심을 초월하여 사는 것, 아난다여! 이것이 비구가 자신을 의지처로 하여 자신에게 귀의하고 타인에게 귀의하지 않고 지내는 것이며, 또한 진리를 의지처로 하여 진리에 귀의하고 다른 것에 귀의하지 않고 지내는 것이니라.

 아난다여! 어떤 비구가 만일 내가 죽은 다음일지라도 자신을 의지처로 하고 자신에게 귀의하며, 타인에게 귀의하지 않고 살며, 또 진리를 귀의처로 하여 다른 것에 귀의하지 않고 산다면, 아난다여! 그런 사람은 내가 부정하는 어두운 세계를 초월하여 배움을 추구하는 사람이라고 말할 수 있는 것이니라."

제 3 장 악마와의 대화

입멸의 예감

　다시 세존께서는 정오 전에 가사를 입으시고, 발우를 손에 드시고 베살리 마을로 탁발하러 들어가셨다. 베살리 마을을 돌면서 공양을 끝내고 탁발에서 돌아오시어, 아난다 존자에게 말씀하셨다.
　"아난다여! 좌구(坐具)를 챙겨라. 이제부터 차팔라로 가, 그곳에서 오후의 명상을 하도록 하자."
　"잘 알았사옵니다, 세존이시여!"라고 아난다 존자는 대답하였다. 그리고 좌구를 챙기어 세존의 뒤를 따라갔다.
　차팔라에 도착하시어, 세존께서는 아난다 존자에게 자리를 마련하게 하시고 그곳에 앉으셨다. 아난다 존자도 세존께 인사드리고, 한쪽에 자리를 마련하여 앉았다. 자리에 앉은 아난다 존자에게 세존께서는 다음과 같이 말씀하셨다.
　"아난다여! 베살리 마을은 좋은 곳이다. 우데나 영지(靈

地)는 좋은 곳이다. 고타마카 영지는 좋은 곳이다. 삿탄바 영지는 좋은 곳이다. 바흐풋타 영지는 좋은 곳이다. 사란다다 영지는 좋은 곳이다. 그리고 이 차팔라 영지는 좋은 곳이니라.

그런데 아난다여! 수행이 진전되어 네 가지 초자연적인 능력(四神足)[12]을 닦고 닦아 통효(通曉)하고, 일상사(日常事)가 되고 체험하고 숙지하고 익힌 사람은 그가 원하는 대로 1겁(劫)[13]이라는 대단히 긴 세월 동안, 또는 1겁 이상도 이 세상에 머물 수 있느니라.

그런데 아난다여! 여래(완전한 인격자)는 이미 그러한 네 가지 초자연적인 능력을 닦고 닦아 통효하고, 일상사가 되고 체험하고 숙지하고 익혔다. 따라서 만약 작정만 한다면, 아난다여! 여래는 1겁 혹은 1겁 이상도 이 세상에 머물 수 있느니라."

이렇게 세존으로부터 어렴풋한 형태로 빙 둘러 암시를 받았는데도 아난다 존자는 세존의 뜻을 알지 못했다.

그리하여 아난다는 세존께, "세존이시여! 세존께서는 부디 1겁 동안 이 세상에 머무소서. 원만한 분(善逝)께서는 1겁 동안 이 세상에 머무소서. 많은 사람들의 이익을 위하여, 많은 사람들의 안락을 위하여, 세상 사람들은 연민하시와 사람들과 신들의 복리와 이익과 안락을 위하여"라고 간청하는 일도 하지 못했다.

그때 이미 아난다 존자는 악마에게 마음이 홀려 있었기

때문이었다.

다시 세존께서는 아난다 존자에게 말씀하셨다.

"아난다여! 베살리 마을은 좋은 곳이다. 우데나 영지는 좋은 곳이다. 고타마카 영지는 좋은 곳이다. 삿탄바 영지는 좋은 곳이다. 바흐풋타 영지는 좋은 곳이다. 사란다 영지는 좋은 곳이다. 그리고 이 차팔라 영지는 좋은 곳이다.

그런데 아난다여! 수행이 진전하여 네 가지 초자연적인 능력을 닦고 닦아 통효하고, 일상사가 되고 체험하고 숙지하고 익힌 사람은 원하는 대로 1겁이라는 지극히 긴 시간을, 혹은 1겁 이상도 이 세상에 머물 수 있느니라.

그런데 아난다여! 여래는 이미 그러한 네 가지 초자연적인 능력을 닦고 닦아 통효하고 일상사가 되고 체험하고 숙지하고 익혔다. 따라서 만약 작정만 한다면, 아난다여! 여래는 1겁 혹은 1겁 이상도 이 세상에 머물 수 있느니라."

이렇게 또 다시 세존으로부터 어렴풋한 형태로 암시를 받았는데도, 아난다 존자는 세존의 참뜻을 알지 못했다.

그리하여 세존께,

"세존이시여! 세존께서는 부디 1겁 동안 이 세상에 머무소서. 원만한 분께서는 1겁 동안 이 세상에 머무소서. 많은 사람들의 이익을 위하여, 많은 사람들의 안락을 위하여, 세상 사람들을 연민하시와, 사람들과 신들의 복리와 이익과 안락을 위하여"라고 간청하는 것도 그는 하지 못했다.

아난다 존자는 아직도 악마에게 마음이 홀려 있었기 때문이었다.

이렇게 세존께서는 거듭 세 번씩이나 아난다에게 암시했는데도 아난다는 이미 악마에게 홀려 있었기 때문에 세존의 뜻을 알아차리지 못했다.

그러자 세존께서는 아난다 존자에게 말씀하셨다.

"아난다여! 너에게도 할 일이 있을 것이니라. 때를 알아서 감이 좋으리라."

"잘 알았사옵니다, 세존이시여!"라고 세존께 대답한 뒤 아난다 존자는 자리에서 일어났다. 그리고 세존께 인사드리고 오른쪽으로 도는 예를 표하고, 세존의 거처를 떠났다. 그리고 그곳에서 그다지 멀지 않은 어떤 나무 아래에 앉았다.

악마와의 대화

이렇게 아난다 존자가 세존의 곁을 떠나자 곧 악마가 세존 가까이로 다가와 한쪽에 섰다. 그리고는 악마는 세존께 다음과 같이 사뢰었다.

"세존이시여! 지금 바로 세존께서는 열반에 드시옵소서. 원만한 이께서는 열반에 드시옵소서. 바야흐로 세존이시여! 세존께서는 열반에 드셔야 할 때가 온 것입니다.

그런데 세존이시여! 예전에 제가 세존께 열반에 드시도록 권했을 때, 세존께서는 다음과 같이 말씀하시지 않았사옵니까?

'악마여! 나에게 비구제자들이 있고, 또 그들이 총명하여 가르침을 두려워하지 않으며, 가르침을 받들어 지니고, 가르침을 가르침대로 행하고자 하며, 바른 방향으로 행동하며, 스승의 말씀을 잘 파악하여 그것을 다른 사람에게 말하고 설명하고 표현하며, 알리고 납득시키며, 이해시키고 분별하게 하며, 명백하게 하고, 또 외도의 삿된 설이 나타날 때는 그 삿된 설을 진리로 제지할 수 있고, 기적을 일으키는 가르침을 설할 수 있는 그러한 상태가 되지 않는 한 결코 열반에 들지 않는다'라고.

그러나 세존이시여! 지금 이러한 바람은 모두 이루어졌사옵니다. 세존에게는 그 말씀대로 비구제자가 나오고, 그들은 총명하여 가르침을 받고 두려워하지 않으며, 가르침을 받들어 지니고 가르침을 가르침대로 행하고자 하며, 바른 방향으로 행동하며, 자신의 스승의 말씀을 잘 파악하여 그것을 다른 사람에게 말하고 설명하고 나타내며, 알리고 납득시키며, 이해시키고 잘 분별하게 하며, 명백하게 이해시키고 있습니다.

또한 외도의 삿된 설이 생길 때에는 그 삿된 설을 진리로 철저하게 제지할 수 있고, 기적을 일으키는 가르침을 설할 수 있는, 그러한 상태로 되지 않았사옵니까?

그러므로 세존이시여! 지금이야말로 세존께서는 열반에

드시옵소서. 원만한 분께서는 열반에 드시옵소서. 바야흐로 세존이시여! 세존께서는 열반에 드셔야만 할 때가 온 것이옵니다.

세존이시여! 또 예전에 제가 세존께 열반에 드시도록 간청했을 때, 세존께서는 다음과 같이 또 말씀하시지 않았사옵니까?

'악마여! 나에게 재가신자(優婆塞) 제자가 나오고, 그들이 총명하여 가르침을 받고 두려워하지 않으며, 가르침을 받들어 지니고 가르침을 가르침대로 행하며, 올바르게 행동하며, 스승의 말씀을 잘 파악하여 그것을 다른 사람에게 말하고 설명하여 나타내며, 알리고 납득시키고 이해시키며, 잘 분별하게 하고 명백하게 이해시키고, 또한 외도의 삿된 설이 생길 때에는 그 삿된 교설을 진리로 철저하게 제지할 수 있으며, 기적을 일으키는 가르침을 설할 수 있는, 그런 상태로 되지 않는 동안은 나는 결코 열반에 들지 않는다'라고.

그러나 세존이시여! 이제 그러한 세존의 바람은 모두 성취되었사옵니다. 세존에게는 그 말씀대로 재가신자 제자들이 나오고, 그들은 총명하여 가르침을 받고 두려워하지 않으며, 가르침을 받들어 지니고 가르침을 가르침대로 행하며, 올바르게 행동하며, 스승의 말씀을 잘 파악하여 그것을 다른 사람에게 말하고 설명하여 나타내고 알리며, 납득시키고 이해시키며, 잘 분별하게 하고 명백하게 이해시키고 있습니다.

또 외도의 삿된 교설이 생길 때는 그 삿된 교설을 진리로 철저하게 제지할 수 있으며, 기적을 일으키는 가르침을 설할 수 있는, 그런 상태로 되지 않았사옵니까?

그러므로 세존이시여! 지금 바로 세존께서는 열반에 드시옵소서. 원만한 이께서는 열반에 드시옵소서. 바야흐로 세존이시여! 세존께서는 열반에 드실 때가 온 것이옵니다.

세존이시여! 거듭하여 예전에 제가 세존께 열반에 드시도록 권했을 때, 세존께서는 다음과 같이 말씀하시지 않았사옵니까?

'악마여! 나에게 여성 재가신자(優婆夷) 제자가 나오고, 그녀들이 총명하여 가르침을 받고 두려워하지 않으며, 가르침을 받들어 지니고, 가르침을 가르침대로 행하고 올바르게 행동하고, 스승의 말씀을 잘 파악하여 그것을 다른 사람에게 말하고 설명하여 나타내며, 알리고 납득시키며, 이해시키고 잘 분별하게 하며, 명백하게 이해시키고, 또한 외도의 삿된 교설이 생길 때는 그 삿된 교설을 진리로 철저하게 제지할 수 있으며, 기적을 일으키는 가르침을 설할 수 있는, 그런 상태로 되지 않는 동안은, 나는 결코 열반에 들지 않는다'라고.

그러나 세존이시여! 이제는 그러한 세존의 모든 바람은 성취되었사옵니다. 그러므로 세존이시여! 이제 세존께서는 열반에 드시옵소서. 원만한 이는 열반에 드시옵소서. 바야흐로 세존이시여! 세존께서는 열반에 드실 때가 온 것이옵니다.

세존이시여! 다시 예전에 제가 세존께 열반에 드시도록 간청했을 때, 세존께서는 다음과 같이 말씀하시지 않았사옵니까?

'악마여! 나의 이 청정한 행(梵行)이 나 홀로만의 것이 아니고, 온 세상에 번성하여 널리 알려지고, 많은 사람들의 것이 되어 널리 행해지고, 사람들에게 충분히 해명되는 상태가 될 때까지는 나는 결코 열반에 들지 않는다'라고.

그러나 세존이시여! 이제 그런 세존의 바람은 모두 성취되었사옵니다. 세존의 청정한 행은 그 말씀대로 세존 홀로만의 것이 아니고, 온 세상에 번성하고 번영하여 널리 알려지고, 많은 사람들의 것이 되어 널리 행해지며, 사람들에 의해 충분히 해명되고 있지 않사옵니까?

그러므로 세존이시여! 지금이야말로 세존께서는 열반에 드시옵소서. 원만한 이께서는 열반에 드시옵소서. 바야흐로 세존이시여! 세존께서는 열반에 드실 때가 온 것이옵니다."

이렇게 여러 가지를 열거하면서 열반에 들도록 유혹받으신 세존께서는 마침내 악마에게 다음과 같이 말씀하셨다.

"악마여! 나는 나의 입멸(入滅)에 대해 더 이상 마음 괴로워 하지 않느니라. 여래는 머지않아 열반에 들 것이니라. 지금으로부터 3개월 후, 여래는 열반에 들 것이니라."

이리하여 세존께서는 차팔라 영지에서 바르게 사념하시고 바르게 의식을 보전하셨던 지금까지의 유수행(생명을 연장하는 행위)을 중지하셨던 것이다.

세존께서 유수행을 버리셨을 때, 대지진이 일어났다. 그것은 너무 무서워서 온 몸에 털이 곤두설 정도였다. 그와 동시에 하늘의 큰 북이 갈갈이 찢어질 정도로 울려퍼졌다.

그러나 세존께서는 그것의 의미를 관찰하시고, 그때 다음과 같은 기쁨의 시를 노래하셨다.

상응(相應)함도 하지 않음도
태어나서 변해가는 그 행위를
성자는 버리리, 모두 함께

견고한 갑옷의 그것처럼
몸이 다시 태어남도
일찍이 파(破)하니
마음 즐겁고 적정한 사람

대지진이 일어난 까닭

한편 대지진이 일어났을 때, 아난다 존자는 다음과 같이 생각하였다.

'벗이여! 실로 불가사의한 일이다. 벗이여! 참으로 희유한 일이다. 참으로 이 지진은 대단하다. 이 지진은 매우 격심하고 무서워 몸의 털이 곤두섰다. 또 하늘의 큰 북도 갈갈이 찢어질 정도로 울려퍼졌다. 도대체 어떤 직접적 원인(因), 어떤 간접적 원인(緣)이 있기에 큰 지진이 일어난 것일까?'

그리고나서 아난다 존자는 그 이유를 묻고자 세존의 처소로 갔다. 세존의 처소에 가 세존께 인사드리고, 한쪽에 앉아 세존께 다음과 같이 여쭈었다.

"세존이시여! 실로 불가사의한 일입니다.

세존이시여! 참으로 희유한 일입니다.

세존이시여! 참으로 큰 지진이 오늘 있었사옵니다. 이 지진은 매우 격심하고 두려워 몸의 털이 곤두설 정도였사옵니다. 또 하늘의 큰 북이 갈갈이 찢어질 정도로 울려퍼졌사옵니다.

세존이시여! 도대체 어떤 직접적 원인, 어떤 간접적 원인이 있기에 이런 큰 지진이 일어난 것이옵니까?"

세존께서는 아난다 존자에게 말씀하셨다.

"아난다여! 대지진이 일어나는 것은 다음과 같은 여덟 가지의 직접적 원인과 여덟 가지의 간접적 원인 가운데 어떤 것이 있는 경우이니라. 그 여덟 가지란 무엇인가?

우선 첫째로 아난다여! 이 대지는 수계(水界) 위에 있고, 수계는 풍계(風界) 위에, 또 풍계는 허공 중에 있다.

그런데 아난다여! 풍계에 어떤 원인으로 큰 바람이 불면, 그 큰 바람은 수계를 진동하게 한다. 수계가 진동하면 대지도 진동한다. 이것이 대지진이 일어나는 제1의 직접적 원인

· 간접적 원인이니라.

다음으로 아난다여! 이곳에 한 사람의 사문 혹은 바라문이 있다고 하자. 그에게는 초자연적인 능력(神通力)이 있어 모든 것을 뜻대로 할 수 있는 힘이 있다고 하자. 혹은 대단한 초능력(大神通力)·대단한 역량(大威力)을 가진 영적인 존재가 있다고 하자. 아난다여! 그가 대지의 관상(觀想)을 행하고, 혹은 한없이 수(水)의 관상을 행할 때, 그것은 이 대지를 대단히 그리고 격심하게 진동하게 하고, 격렬하게 진동하게 하는 것이다. 이것이 대지진이 일어나는 제2의 직접적 원인·간접적 원인이니라.

다음에 아난다여! 보살(장차 부처가 될 사람)이 도솔천(兜率天)[14]에서 내려와 바르게 사념하고 바르게 의식을 지닌 채 어머니가 되는 사람의 태 안에 들 때, 대지는 크게 진동하며, 격심하게 진동하고 격렬하게 진동한다. 이것이 대지진이 일어나는 제3의 직접적 원인·간접적 원인이니라.

다음에 아난다여! 이 보살이 바르게 사념하고 바르게 의식을 지닌 채로 어머니의 태에서 나올 때, 이 대지는 크게 진동하고 대단히 진동하며, 격심하게 진동하고 격렬하게 진동한다. 이것이 대지진이 일어나는 제4의 직접적 원인·간접적 원인이니라.

다음에 아난다여! 여래가 위없는 바른 깨달음을 얻어 부처가 될 때, 이 대지는 크게 진동하고 대단히 진동하며, 격심하게 진동하고 격렬하게 진동한다. 이것이 대지진이 일어나는 제5의 직접적 원인·간접적 원인이니라.

다음에 아난다여! 여래가 위없는 가르침의 바퀴(法輪)를 처음으로 굴리셨을 때, 이 대지는 크게 진동하고 대단히 진동하며, 격심하게 진동하고 격렬하게 진동한다. 이것이 대지진이 일어나는 제6의 직접적 원인·간접적 원인이니라.

다음에 아난다여! 여래께서 바르게 사념하고 바르게 의식을 지닌 채로 유수행을 버리셨을 때, 이 대지는 크게 진동하고 대단히 진동하며, 격심하게 진동하고 격렬하게 진동한다. 이것이 대지진이 일어나는 제7의 직접적인 원인·간접적인 원인이니라.

마지막으로 아난다여! 여래께서 남김없이 완전한 안락함의 세계(無餘依涅槃)에 드실 때, 이 대지는 크게 진동하고 대단히 진동하며, 격심하게 진동하고 격렬하게 진동한다. 이것이 대지진이 일어나는 제8의 직접적 원인·간접적 원인이니라.

아난다여! 이상 여덟 가지의 직접적 원인과 여덟 가지의 간접적 원인 가운데 그 어떤 것이 있을 때 대지진이 일어나느니라.

그런데 아난다여! 이 세상에는 여덟 종류의 사람들이 있다. 곧 왕족(크사트리아)·바라문·자산자(資産者)·사문·사천왕천[15]의 사람들·도리천의 사람들·악마에 속하는 사람들, 그리고 범천에 속하는 사람들이 그들이다.

그런데 아난다여! 나는 다음과 같은 사실을 확실하게 깨닫고 있다.

한때 나는 수백 명의 왕족들이 있는 곳에 갔었다. 그곳에서 나는 그들과 자리를 함께 하고 함께 말하며 담론(談論)했다. 그때 나는 그들이 이야기하는 소리나 그들이 이야기하는 억양만으로도 그들과 말할 수 있었다.

그리고 나는 여러 가지 가르침을 설하여 받들어 지니게 하고, 그들을 격려하고 기쁘게 했던 것이다. 그런데 그들은 나의 이야기를 들으면서도 내가 누구인지 모르고 말했다.

"이러한 것을 말하다니, 이 사람은 도대체 인간일까? 아니면 신(神)일까?"라고.

거듭 여러 가지 가르침을 그들에게 설하여 받들어 지니게 하고, 그들을 격려하고 기쁘게 한 다음, 일어나서 떠난 다음에도 그들은 여전히 내가 누구인지도 모르고 말했다.

"방금 일어나서 떠난 저 사람은 도대체 인간일까? 아니면 신일까?"라고.

아난다여! 마찬가지로 다음과 같은 사실이 있음을 나는 확실하게 깨달았다.

한때 나는 수백 명의 바라문·자산자·사문·사천왕천인·도리천 사람·악마의 권속·범천의 권속들이 있는 곳에 갔다. 그곳에서 나는 그들과 자리를 함께 하고 함께 말하고 담론했다. 그때 나는 그들이 이야기하는 소리, 그들이 이야기하는 억양만으로도 그들과 말할 수 있었다.

그리고 나는 여러 가지 가르침을 설하여 받들어 지니게

하고, 그들을 격려하고 기쁘게 했던 것이다. 그런데 그들은 나의 이야기를 들으면서도 내가 누구인지도 모르고 말했다.

"이러한 것을 말하다니, 이 사람은 도대체 인간일까? 아니면 신(神)일까?"라고.

거듭 여러 가지 가르침을 그들에게 설하여 받들어 지니게 하고, 그들을 격려하고 기쁘게 한 다음, 일어나서 떠난 후에도 그들은 여전히 내가 누구인지도 모르고 말했다.

"방금 일어나서 떠난 저 사람은 도대체 인간일까? 아니면 신일까?"라고.

어쨌든 아난다여! 이 세상에는 이상과 같은 여덟 종류의 사람들이 있느니라.

다시 아난다여! 여덟 가지의 수승한 경지(八勝處)가 있다. 그 여덟 가지란 무엇이겠는가?

자신의 내부에 색(色)과 모습이 있다고 생각(想)하는 사람이 외부의 모든 색과 모습을 보고, 그곳에 한없는 아름다움이나 추함이 있다는 것을 인식하더라도 '이 아름다움과 추함에 미혹되지 않고 나는 오직 진실을 보고, 안다'라고 생각하는 것, 이것이 최초의 수승한 경지이며,

또 자신의 내부에 색과 모습이 있다고 생각하는 사람이 외부의 모든 색과 모습을 보고, 그곳에 한없는 아름다움이나 추함이 있다는 것을 인식하고도, '이 아름다움과 추함에 미혹되지 않고 나는 오직 진실을 보고, 안다'라고 생각하는 것, 이것이 제2의 수승한 경지이며,

또 자신의 내부에 색과 모습이 없다고 생각하는 사람이 외부의 모든 색과 모습을 보고, 그곳에 한없는 아름다움이나 추함이 있다고 인식하더라도 '이 아름다움과 추함에 미혹되지 않고 나는 오직 진실을 보고, 안다'라고 생각하는 것, 이것이 제3의 수승한 경지이며,

또 자신의 내부에 색과 모습이 없다고 생각하는 사람이 외부의 모든 색과 모습을 보고, 그곳에 한없는 아름다움이나 추함이 있다는 것을 인식하더라도 '이 아름다움과 추함에 미혹되지 않고 나는 오직 진실을 보고, 안다'라고 생각하는 것, 이것이 제4의 수승한 경지이니라.

또 자신의 내부에 색과 모습은 없다고 생각하는 사람이 외부의 모든 색과 모습을 보고, 그곳에 푸름·푸른 색·푸른 색조·푸른 광택이 있다.

— 마치 아마(亞麻)의 꽃이 푸름·푸른 색·푸른 색조·푸른 광택을 지니거나, 혹은 베나레스 산(産)의 두 겹 면직물인 푸른 고급 옷감이 푸름·푸른 색·푸른 색조·푸른 광택을 지니듯이 —

그렇게 자신의 내부에 색과 모습이 없다는 생각을 하는 사람이 외부의 색과 모습을 보고, 그곳에 푸름·푸른 색·푸른 색조·푸른 광택이 있다고 인식하더라도 '이 푸름·푸른 색·푸른 색조·푸른 광택에 미혹되지 않고 나는 오직 진실을 보고, 안다'라고 생각하는 것, 이것이 제5의 수승한 경지이니라.

또 자신의 내부에 색과 모습은 없다고 생각하는 사람이 외부의 모든 색과 모습을 보고, 그곳에 노랑·노란 색·노란 색조·노란 광택이 있다.

— 마치 카니카라 나무[16]의 꽃이 노랑·노란 색·노란 색조·노란 광택을 지니거나, 혹은 베나레스 산(産)의 두 겹 면직물인 노란 고급 옷감이 노랑·노란 색·노란 색조·노란 광택을 지니듯이 —

그렇게 자신의 내부에 색과 모습은 없다고 생각을 하는 사람이 외부의 색과 모습을 보고, 그곳에 노랑·노란 색·노란 색조·노란 광택이 있다고 인식하더라도 '이 노랑·노란 색·노란 색조·노란 광택에 미혹되지 않고 나는 오직 진실을 보고, 안다'라고 생각하는 것, 이것이 제6의 수승한 경지이니라.

또 자신의 내부에 색과 모습은 없다고 생각하는 사람이 외부의 모든 색과 모습을 보고, 그곳에 빨강·빨간 색·빨간 색조·빨간 광택이 있다.

— 마치 반투지바카 꽃[17]이 빨강·빨간 색·빨간 색조·빨간 광택을 지니거나, 혹은 베나레스 산의 두 겹 면직물인 빨간 고급 옷감이 빨강·빨간 색·빨간 색조·빨간 광택을 지니듯이 —

그렇게 자신의 내부에 색과 모습이 없다고 생각을 하는 사람이 외부의 색과 모습을 보고, 그곳에 빨강·빨간 색·빨간 색조·빨간 광택이 있다고 인식하더라도 '이 빨강·빨간 색·빨간 색조·빨간 광택에 미혹되지 않고 나는 오직 진실을 보고, 안다'라고 생각하는 것, 이것이 제7의 수승한 경지이니라.

마지막으로 자신의 내부에 색과 모습은 없다고 생각하는 사람이 외부의 모든 색과 모습을 보고, 그곳에 하양·하얀 색·하얀 색조·하얀 광택이 있다.

-마치 태백성(金星)이 하양·하얀 색·하얀 색조·하얀 광택을 지니거나, 혹은 베나레스 산의 두 겹 면직물인 하얀 고급 옷감이 하양·하얀 색·하얀 색조·하얀 광택을 지니 듯이-

그렇게 자신의 내부에 색과 모습이 없다는 생각을 하는 사람이 외부의 색과 모습을 보고, 그곳에 하양·하얀 색·하얀 색조·하얀 광택이 있다고 인식하더라도 '이 하양·하얀 색·하얀 색조·하얀 광택에 미혹되지 않고 나는 진실을 보고, 안다'라고 생각하는 것, 이것이 제8의 수승한 경지이니라.

아난다여! 이상이 여덟 가지 수승한 경지라고 말할 수 있는 것이니라.

또 아난다여! 여덟 가지 어리석음에서 벗어남(八解脫)이라고 말할 수 있는 것이 있다. 그 여덟 가지란 무엇이겠는가?

색과 모습이 있는 이(者)가 모든 색과 모습을 보는 것, 이 것이 제1의 어리석음에서 벗어남이니라.

자신의 내부에 색과 모습이 없다고 생각하는 이가 외부의 모든 색과 모습을 보는 것, 이것이 제2의 어리석음에서의 벗어남이니라.

'몸도 마음도 청정하다'고 신해(信解)하는 것, 이것이 제3의 어리석음에서 벗어남이다.

두루 색과 모습이라는 생각을 초월하여 장애(障碍)가 있다는 생각(有對想)을 하지 않고, 여러 가지 있다는 생각(種種想)'을 마음으로 내지 않고 '허공에 가이없다', '허공의 가이없는 곳(空無邊處)'이라는 경지에 도달하여 머무는 것, 이것이 제4의 어리석음에서 벗어남이니라.

'허공의 가이없는 곳'이라는 경지를 두루 초월하여 '의식은 가이없다', '의식의 가이없는 곳(識無邊處)'이라는 경지에 도달하여 머무는 것, 이것이 제5의 어리석음에서 벗어남이다.

'의식의 가이없는 곳'이라는 경지를 두루 초월하여 '가질 만한 것은 아무것도 없다', '아무것도 가질 만한 것은 없는 곳(無所有處)'이라는 경지에 도달하여 머무는 것, 이것이 제6의 어리석음에서 벗어남이니라.

'아무것도 가질 바가 없는 곳'이라는 경지를 두루 초월하여 '의식도 없고 의식하지 않음도 없는 곳(非想非非想處)'이라는 경지에 도달한 것, 이것이 제7의 어리석음에서 벗어남이니라.

마지막으로 '의식도 없고 의식하지 않음도 없는 곳'이라

는 경지를 두루 초월하여 '의식도 감각도 멸진한 곳(想受滅)'
이라는 경지에 도달하여 머무는 것, 이것이 제8의 어리석음
에서 벗어남이니라.

  아난다여! 이상의 여덟 가지가 어리석음에서 벗어남이라
고 말할 수 있는 것이니라.

  아난다여! 내가 처음으로 깨달음을 얻은 지 얼마되지 않
았을 때 다음과 같은 일이 있었다.

  그때 나는 우루벨라의 네란자라 강 언덕의 아자파라니그
로다 나무 아래에 있었는데, 그곳으로 악마가 찾아와 한쪽
에 섰다. 그리고 나에게 말했다.

  '세존이시여! 지금이야말로 세존께서는 열반에 드시옵소
서. 원만한 이께서는 열반에 드시옵소서. 바야흐로 세존이
시여! 세존께서는 열반에 드실 때가 온 것이옵니다'라고.

  그런데 아난다여! 악마가 이렇게 말했을 때, 나는 그에게
다음과 같이 말했다.

  '악마여! 나에게 차례로 비구제자가 나오고, 비구니제자
가 나오고 재가신자 제자(우바새)가 나오고 여성 재가신자
(우바이) 제자가 나오고, 그들은 총명하여 가르침을 받고 두
려워하지 않으며, 가르침을 받들어 지니고 가르침을 가르침
대로 행하며, 올바르게 가르침대로 행동하며, 자신의 스승
의 말씀을 잘 파악하여 그것을 다른 사람에게 말하고 설명
하여 나타내며, 알리고 납득시키며, 이해시키고 잘 분별하
게 하며, 명백하게 이해시키고, 또 외도의 삿된 교설이 생길

때는 그 삿된 교설을 진리로 철저하게 제지할 수 있으며, 기적을 일으키는 가르침을 설할 수 있는 그런 상태가 되지 않는 동안은, 나는 결코 열반에 들 수 없다'라고.

그리고 끝으로 아난다여! 나는 다음과 같이 말했다.

'악마여! 나의 이 청정한 행(梵行)이 나 홀로만의 것이 아니라 온 세상에 번성하여 널리 알려지고, 많은 사람들의 것이 되어 널리 행해지고, 사람들에게 충분히 해명되는 상태가 될 때까지는, 나는 결코 열반에 들지 않는다'라고.

그런데 아난다여! 오늘 이 차팔라 영지로 다시 악마가 찾아와 나의 옆에 서서, 나에게 이렇게 말했느니라.

'세존이시여! 지금이야말로 세존께서는 열반에 드시옵소서. 원만한 이께서는 열반에 드시옵소서. 바야흐로 세존이시여! 세존께서는 열반에 드실 때가 온 것이옵니다'라고. 예전에 제가 거듭 세존께 열반에 드시도록 간청드렸을 때도, 세존께서는 다음과 같이 차례로 말씀하시지 않으셨습니까?

'악마여! 나에게 비구제자가 나오고 비구니제자가 나오고 재가신자 제자가 나오고 여성 재가신자 제자가 나와서, 그들이 총명하여 가르침을 받고 두려워하지 않으며, 가르침을 받들어 지니고, 가르침을 가르침대로 행하며, 올바르게 가르침대로 행동하며, 자신의 스승의 말씀을 잘 파악하여 그것을 다른 사람에게 말하고 설명하고 나타내며, 알리고 납득시키며, 이해시키고 잘 분별하게 하며, 명백하게 이해시키고, 또 외도의 삿된 교설이 생길 때는 그 삿된 교설을 진리로 철저하게 제지할 수 있으며, 기적을 일으키는 가르침을 설시할 수 있는 그런 상태가 되지 않는 동안은, 나는 결코 열반에 들지 않는다'라고.

 그러나 세존이시여! 이제 그러한 세존의 바람은 모두 성취되었사옵니다. 세존의 말씀대로 비구제자와 비구니제자, 재가신자 제자와 여성 재가신자 제자가 세존의 가르침대로 잘 행동하며 세존의 교설을 받들 수 있는 그런 상태로 되지 않았사옵니까?

 그러므로 세존이시여! 지금이야말로 세존께서는 열반에 드시옵소서. 원만한 이께서는 열반에 드시옵소서. 바야흐로 세존이시여! 세존께서는 열반에 드실 때가 온 것이옵니다.

 세존이시여! 다시 예전에 제가 세존께 열반에 드시도록 간청했을 때, 세존께서는 다음과 같이 또 말씀하시지 않았사옵니까?

 '악마여! 나의 이 청정한 행이 나 홀로만의 것이 아니라 온 세상에 번성하여 널리 알려지고 많은 사람들의 것이 되며, 많은 사람들에게 충분히 해명될 때까지는 나는 결코 열반에 들지 않는다'라고.

 그러나 세존이시여! 이제 이러한 세존의 바람은 모두 성취되었사옵니다. 그러므로 세존이시여! 지금이야말로 세존께서는 열반에 드시옵소서. 원만한 이께서는 열반에 드시옵소서. 바야흐로 세존이시여! 세존께서는 열반에 드실 때가 온 것이옵니다.

이렇게까지 몇 번이나 말했으므로 아난다여! 나는 악마에게 다음과 같이 말했던 것이니라.

'악마여! 나는 나의 입멸(入滅)에 대해 더 이상 괴로워하지 않는다. 여래는 머지않아 열반에 들 것이니라. 지금으로부터 3개월 후, 여래는 열반에 들 것이니라'라고.

이리하여 아난다여! 이 차팔라 영지에서 이제 여래는 막 바르게 사념(思念)하고 바르게 의식을 보전한 채로 유수행(留壽行)을 버렸던 것이니라."

세존께서 이러한 입멸의 결의를 선언했을 때, 당황하고 놀란 아난다 존자는 세존께 간청하여 다음과 같이 사뢰었다.

"세존이시여! 세존께서는 부디 입멸하시는 것을 그만두시옵소서. 1겁 동안이라도 이 세상에 머무소서. 원만한 이께서는 부디 1겁 동안이라도 이 세상에 머무소서. 많은 사람들의 이익을 위하고, 많은 사람들의 안락을 위해. 그리고 세상 사람들을 연민하시와 인간들과 신(神)들의 복리와 안락을 위해."

이것에 대해 세존께서는 다음과 같이 말씀하셨다.

"이제 되었다, 아난다여! 여래에게 그러한 것을 간청하지 말아라. 아난다여! 그러한 것을 간청할 때가 아니니라."

두 번 세 번 아난다 존자는 세존께 간청하였다.

"세존이시여! 세존께서는 부디 입멸하시는 것을 그만두시옵소서. 1겁 동안이라도 이 세상에 머무소서. 원만한 이께서는 부디 1겁 동안이라도 이 세상에 머무소서. 많은 사람들의 이익을 위하고, 많은 사람들의 안락을 위해. 그리고 세상 사람들을 연민하시와 인간들과 신들의 복리와 안락을 위해."

이것에 대해 세존께서는 다음과 같이 말씀하셨다.

"아난다여! 너는 여래의 깨달은 지혜를 믿지 않느냐?"

"아니옵니다. 그렇지 않사옵니다. 저는 여래의 깨달으신 지혜를 깊게 믿고 있사옵니다."

"그렇다면 아난다여! 너는 무슨 까닭에 세 번이나 여래가 한 입멸의 결의를 그만두도록 하느냐?"

"세존이시여! 그것은 예전에 세존께서 말씀하셨던 것을 직접 이 귀로 듣고, 그것을 그대로 기억하고 있기 때문이옵니다. 즉 세존께서는 예전에 저에게 다음과 같이 말씀하셨습니다.

'아난다여! 수행이 진전되어 네 가지 초자연적인 능력(四神足)을 닦고 닦아 통효(通曉)하고, 일상사가 되며 체험하고 숙지하며 익힌 사람은 그가 원하는 대로 1겁이라는 대단히 긴 세월을, 혹은 1겁 이상도 이 세상에 머물 수 있느니라.

그런데 아난다여! 여래는 이미 그러한 네 가지 초자연적인 능력을 닦고 닦아 통효하고, 일상사가 되며 체험하고 숙지하며 익히고 있다. 따라서 만약 그렇게 작정만 한다면, 아난다여! 여래는 1겁 혹은 1겁 이상도 이 세상에 머물 수 있느니라'라고.

그래서 세존이시여! 저는 이렇게 세존께 간절히 청하고 있는 것이옵니다."

"아난다여! 너는 여래의 깨달은 지혜를 믿고 있다고 말하였느냐?"

"예, 세존이시여!"

"그렇다면 아난다여! 너의 이러한 청은 잘못된 행위이고, 너의 이러한 청은 순리에 거역되는 행위이니라.

아난다여! 내가 너에게 나의 생각을 어렴풋이 빙둘러서 암시를 했는데도, 그 진의를 관찰하지 못하였다.

그리하여 너는 '세존이시여! 세존께서는 부디 1겁 동안 이 세상에 머무소서. 원만한 이께서는 1겁 동안 이 세상에 머무소서. 많은 사람들의 이익을 위하고, 많은 사람들의 안락을 위해. 세상 사람들을 연민하시와 인간들과 신들의 복리와 안락을 위해'라고 간청하지 않았다.

아난다여! 만약 네가 그때 나에게 지금처럼 간청했더라면 여래는 두 번까지는 거절했더라도 세 번째는 너의 청을 수용했을 것이니라.

그러므로 아난다여! 지금과 같은 너의 청은 잘못된 행위이고, 너의 이러한 청은 순리에 거역되는 행위이니라.

아난다여! 이것은 절대 지금 시작된 것이 아니다. 이러한 일은 예전에도 많이 있었다. 아난다여! 예전에 내가 라자가하의 영취산에 있을 때의 일이었다. 그때 아난다여! 나는 너에게 지금과 마찬가지로 말하지 않았더냐?

'아난다여! 이 라자가하 마을은 좋은 곳이다. 영취산은 좋은 곳이다.

그런데 아난다여! 수행이 진전하여 네 가지 초자연적인 능력을 닦고 닦아 통효하고, 일상사가 되며 체험하고 숙지하며 익힌 사람은, 그의 바람대로 1겁이라는 긴 세월을, 혹은 1겁 이상도 이 세상에 머물 수 있다.

그런데 아난다여! 여래는 이미 그러한 네 가지 초자연적 능력을 닦고 닦아 통효하고, 일상사가 되었으며 체험하고 숙지하며 익히고 있다. 따라서 만약 작정만 한다면, 아난다여! 여래는 1겁 혹은 1겁 이상도 이 세상에 머물 수 있느니라'라고.

그러나 아난다여! 너는 그때도 역시 지금과 마찬가지로 여래로부터 대략적인 형태로 암시를 받았는데도, 여래의 참뜻을 알지 못했다.

그러므로 아난다여! 지금과 같은 너의 청은 잘못된 행위이고, 또 지금과 같은 너의 청은 순리에 거역되는 행위이니라.

아난다여! 또 예전에 나는 마찬가지로 라자가하의 니그로다 동산과 '도적의 벼랑', 베바라 산 중턱의 사타반니의 굴(七葉窟), 이시기리 산 중턱의 카라시라, 라자가하의 시타 숲(寒林)의 삿파손디카 동굴, 타포다 동산, 벨루바나(竹林)의 카란다카 니바파, 지바카의 망고 동산, 마다쿠치의 사슴 동산에 머물던 일이 있었다.

그러한 곳에 있을 때도 아난다여! 나는 너에게 지금과 마찬가지로 말하지 않았더냐?

'아난다여! 라자가하는 좋은 곳이다. 영취산은 좋은 곳이다. 니그로다 동산은 좋은 곳이다. '도적의 벼랑'은 좋은 곳이다. 베바라 산 중턱의 사타반니 굴은 좋은 곳이다. 이시기리 산 중턱의 카라시라는 좋은 곳이다. 시타숲의 삿파손디카 동굴은 좋은 곳이다. 타포다 동산은 좋은 곳이다. 벨루바나의 카란다카 니바파는 좋은 곳이다. 지바카의 망고 동산은 좋은 곳이다. 마다쿠치의 사슴 동산은 좋은 곳이다.

그런데 아난다여! 수행이 진전되어 네 가지 초자연적 능력(四神通)을 닦고 닦아 통효하고, 일상사가 되고 체험하고 숙지하며 익힌 사람은 그의 원대로 1겁이라는 지극히 긴 세월을 혹은 1겁 이상도 이 세상에 머물 수 있느니라.

그리고 아난다여! 여래는 이미 그러한 네 가지 초자연적 능력을 닦고 닦아 통효하고, 일상사가 되고 숙지하며 익히고 있다. 따라서 만약 작정만 한다면, 아난다여! 여래는 1겁 혹은 1겁 이상도 이 세상에 머물 수 있다'라고.

그러나 아난다여! 너는 그때도 역시 지금과 마찬가지로 여래로부터 대략적인 형태로 암시를 받았는데도, 여래의 참뜻을 알지 못했다. 그리고 간청도 하지 않았다.

아난다여! 만약 네가 한때 세존께 지금처럼 간청했다면, 여래는 두 번까지는 거절했겠지만 세 번째는 너의 간청을 수용했을 것이니라.

대반열반경

그러므로 아난다여! 너의 지금과 같은 청은 잘못된 행위이고, 너의 지금과 같은 청은 순리에 거역되는 행위이니라.

또 아난다여! 예전에 나는 이곳 베살리 마을의 우데나 영지에 머물 때에도 앞에서와 같이 말했지만 너는 그때도 역시 지금과 마찬가지로 여래로부터 대략적인 형태로 빙둘러 암시를 받았는데도, 여래의 참뜻을 알지 못했다. 또한 간청도 하지 않았느니라.

아난다여! 만약 네가 그때 여래께 지금처럼 간청했더라면, 여래는 두 번까지는 거절했더라도 세 번째는 너의 간청을 수용했을 것이니라.

그러므로 아난다여! 지금과 같은 너의 청은 잘못된 행위이고, 너의 그러한 청은 순리에 거역되는 행위이니라.

또한 아난다여! 예전에 나는 이 베살리 마을의 고타마카 영지와 삿탄바 영지, 바흐풋타 영지, 사란다 영지에 머물던 일이 있었다.

이처럼 각지에서 똑같은 일이 있은 후 마지막으로 이곳 차팔라 영지에서도 나는 너에게 앞에서와 똑같은 말을 했지만, 너는 그때도 역시 지금과 마찬가지로 여래로부터 대략적인 형태로 빙둘러 암시를 받았는데도, 여래의 참뜻을 알지 못했다. 또한 간청도 하지 않았느니라.

아난다여! 만약 네가 그때 여래께 지금처럼 간청했더라면, 여래는 두 번까지는 거절했더라도 세 번째는 너의 간청을 수용했을 것이니라.

그러므로 아난다여! 지금과 같은 너의 때 놓친 청은 잘못된 행위이고, 너의 그러한 청은 순리에 거역되는 행위이니라.

그러므로 아난다여! 이제는 너의 청을 받아들일 수 없느니라.

허나 어쨌든 아난다여! 나는 너희들에게 늘 말하지 않았더냐? 아무리 사랑하고 마음에 맞는 것이라도 곧 이별(離別)의 상태·변화의 상태가 찾아오는 것이라고.

그것을 어찌 피하겠느냐? 태어나고 살고 무너져 가는 것, 그 무너져 가는 것에 대해 '무너지지 말라'고 막더라도, 그것은 이치에 부합되지 않느니라.

이러한 것을 아난다여! 여래는 이미 내던지고 배제하며 방출하고 버렸으며 벗어났다. 그리고 유수행도 나는 버렸다. 이리하여 여래는 결정적인 말을 했느니라. '머지않아 여래는 열반에 들 것이니라. 지금으로부터 3개월 후, 여래는 열반에 들 것이니라'라고.

이제 와서 생명을 영원토록 하겠다고 하여 그 말을 취소한다는 것은 존재의 도리(道理)에 위배되는 것이다.

자, 아난다여! 그것은 이제 그만두고 우리들은 지금부터 마하바나(大林) 2층 건물 강당(重閣講堂)으로 가도록 하자."

"잘 알았사옵니다, 세존이시여!"라고 아난다 존자는 대답하였다.

비구들에게

그곳에서 세존께서는 아난다 존자와 함께 마하바나 2층 건물 강당으로 향하셨다. 그리고 2층 강당에 도착하시자, 아난다 존자에게 말씀하셨다.

"자, 아난다여! 너는 이제부터 베살리 주변에 있는 비구들을 모두 강당으로 모이도록 하여라."

"잘 알았사옵니다. 세존이시여! 곧바로 그렇게 하겠사옵니다"라고 대답하고, 아난다는 즉시 베살리 주변에 머물고 있는 비구들을 모두 강당으로 모이게 하였다. 비구들이 모두 강당에 모이자 아난다 존자는 세존의 처소로 갔다. 그리고 세존께 절을 올리고 한쪽으로 물러나 다음과 같이 사뢰었다.

"세존이시여! 비구들은 모두 모였사옵니다. 부디 때를 헤아려 주소서."

그러자 세존께서는 강당으로 가셨다. 그리고 강당에 도착하시어 마련된 자리에 앉으셨다. 이렇게 자리에 앉으신 세존께서는 비구들에게 다음과 같이 말씀하셨다.

"내가 진리에 대해 깨닫고 설했던 여러 가지 진리를, 잘 알아 지녀 배우고 수행하며 많이 닦아야만 하느니라. 그리고 이 청정한 행이 이 세상에 오래오래 존재하며, 그 결과 그것이 많은 사람들의 이익과 안락의 바탕이 되고, 세상 사람들을 연민하여 신들과 인간의 복리가 되고, 이익·안락이 되도록 하여라.

그러면 비구들이여! 내가 진리에 대해 깨닫고 설했던 여러 가지 이익과 안락한 진리란 도대체 어떤 것이겠는가?

그것은 예컨대 네 가지 바르게 사념하는 경지(四念處)[18], 네 가지 바르게 노력해야만 하는 것(四正勤)[19], 네 가지 초자연적인 능력(四神足), 다섯 가지 선한 과보의 뿌리(五根)[20], 다섯 가지 힘(五力)[21], 일곱 가지 깨달음의 지분(七覺支)[22], 여덟 가지의 성스러운 길(八聖道)[23] 등이라고 할 수 있느니라.

비구들이여! 이것이 내가 진리에 대해 깨닫고 설했던 여러 가지 진리이니라."

이상과 같은 가르침을 설하신 다음, 세존께서는 비구들에게 말씀하셨다.

"이제 비구들이여! 지금이야말로 나는 너희들에게 마음을 기울여 알려야만 하리라. 명심해서 들음이 좋으리라. 비구들이여! 만들어진 것(有爲)은 결국 멸해 가는 것이다. 그러므로 너희들은 게으름 피우지 말고 정진하여 수행을 완성하여라. 여래는 머지않아 열반에 들리라. 여래는 이제부터 3개월 후, 열반에 들 것이니라."

세존께서는 이렇게 말씀하셨다.

원만한 이 큰 스승께서는 이렇게 말씀하신 다음, 다시 다음과 같은 시를 노래하셨다.

이 몸에도 늙음은 닥쳐오고
생명의 불꽃 가냘퍼지니,
자, 버려야 하지 않겠는가?
자신을 귀의처로 하여, 끝없이

비구들이여!
게으름 피우지 말고 바르게 사념하여
선계(善戒)를 지키고 사유를 다스리며
자신이 마음을 지켜라

내가 설시한 법(法)·율(律)을
결코 게을리 말고 정진하면,
세세생생 윤회를 끝내고
괴로움의 끝은 다하리.

제 4 장 회 고(回顧)

일생을 회고하다

어느 날 세존께서는 아침 일찍 가사를 입으시고 발우를 손에 드시고, 베살리 마을로 탁발하러 들어가셨다. 그리고 베살리 마을을 돌면서 공양을 끝내시고 마을을 나오실 때, 마치 코끼리가 사물을 바라보듯 지그시 베살리 마을을 응시하셨다. 이렇게 얼마쯤 계시다가 아난다 존자에게 말씀하셨다.

"아난다여! 여래가 베살리 마을을 보는 것도 이것이 마지막이 될 것이니라. 자, 아난다여! 우리들은 이제부터 반다 마을로 가도록 하자."

"잘 알았사옵니다, 세존이시여!"라고 아난다 존자는 대답하였다.

이리하여 세존께서는 많은 수의 비구들과 함께 반다 마을로 향하셨다. 그리고 반다 마을에 도착하시어 마을에서 머무셨다.

그곳에서 세존께서는 비구들에게 다음과 같이 말씀하셨다.

"비구들이여! 사람들은 네 가지 가르침을 깨닫지 못하고 그것을 통달하지 못했기 때문에, 오랜 동안 이 세상에서 저 세상으로 유전하고, 끝없이 여기저기를 떠돌아다니는 것이다. 그 네 가지 가르침이란 무엇이겠는가?

비구들이여! 사람들은 우선 첫번째로 성스러운 계율(戒)을 깨닫고 못하고 통달하지 못했기 때문에, 오랜 동안 이 세상에서 저 세상으로 유전하면서, 끝없이 여기저기를 떠돌아다니는 것이니라.

또 비구들이여! 사람들은 성스러운 정신통일(定)을 깨닫지 못하고 통달하지 못했기 때문에, 오랜 동안 이 세상에서 저 세상으로 유전하고, 끝없이 여기저기를 떠돌아다니는 것이니라.

또 비구들이여! 사람들은 성스러운 지혜(慧)를 깨닫지 못하고 통달하지 못했기 때문에, 오랜 동안 이 세상에서 저 세상으로 유전하고, 끝없이 여기저기를 떠돌아다니는 것이니라.

또 비구들이여! 사람들은 성스러운 해탈(解脫)을 깨닫지 못하고 통달하지 못했기 때문에, 오랜 동안 이 세상에서 저 세상으로 유전하고, 끝없이 여기저기를 떠돌아다니는 것이니라.

반대로 비구들이여! 성스러운 계율을 깨달아 그것에 통달하고 성스러운 정신통일을 깨달아 그것에 통달하며, 성스러운 지혜를 깨달아 그것에 통달하고 성스러운 해탈을 깨달아 그것에 통달한 사람은, 생존에 대한 갈애를 단절하고 생존의 원인을 멸진함으로써 다시 태어남(生)을 받지 않느니라.

이렇게 세존께서는 네 가지 가르침을 설하신 다음, 거듭 원만한 분, 큰 스승께서는 다음과 같은 시를 노래하셨다.

계(戒)·정(定)·혜(慧)·해탈(解脫)
이것이야말로 무상(無上)의 가르침이네
이것들을 깨달은 고타마는
그 이름이 세상에 알려지리

이렇게 깨달은 붓다는
제자 비구들에게 설하고
괴로움 다하고 눈을 얻으니
큰 스승님 열반에 드는구나.

이렇게 반다 마을에 머무실 동안에도 세존께서는 비구들에게 여러 가지 가르침을 설하셨던 것이다.

즉 "이것이 계율이니라. 이것이 정신통일이다. 이것이 지혜이다. 또 계를 두루 닦은 정신통일에는 큰 공덕과 이익이 있고, 정신통일을 두루 닦은 지혜에도 큰 공덕과 이익이 있나니, 이렇게 지혜를 두루 닦은 마음은 애욕·생존·견해·근본무지 등의 번뇌로부터 바르게 해탈할 수 있느니라"라고.

이렇게 반다 마을에 마음껏 머무신 다음, 세존께서는 아난다 존자에게 말씀하셨다.

"자 우리들은 이제부터 핫티 마을로 가자."

이리하여 세존께서는 많은 수의 비구들과 함께 핫티 마을로 향하셨다. 이와 같이 하여 암바 마을, 잠부 마을 등의 각 지역을 여기저기 두루 다니신 다음, 보가 나가라로 가셨다.

보가 나가라에서 설하신 네 가지 큰 지표

보가 나가라에 도착하시어, 그 마을에 있는 아난다 영지에 머무셨다. 이곳에서 세존께서는 비구들에게 다음과 같이 말씀하셨다.

"비구들이여! 이제부터 나는 '네 가지 큰 지표(四大敎法)'의 가르침을 설하리라. 잘 듣고 마음에 새겨 두어라."

"잘 알았사옵니다, 세존이시여! 부디 설하여 주시옵소서"라고 비구들은 대답하였다.

그러자 세존께서는 다음과 같이 말씀하셨다.

"비구들이여! 장차 다음과 같이 말하는 비구들이 있을지 모른다.

"존자여! 세존께 직접 나는 '이것이 법(法)이다. 이것이 율(律)이다. 이것이 큰 스승의 교설이다'라는 것을 듣고 그대로 수지하고 있다"라고.

그러나 비구들이여! 너희들은 그 비구의 말을 듣더라도, 그것을 무비판적으로 받아들이거나 싫다고 거부해서는 안 된다. 오직 그 말의 자구(字句)를 잘 파악하고, 그 문구(文句)를 경(經)에서 찾고 율(律)과 대조해 보아라.

그리고 만약 경에서 찾고 율과 대조해 본 결과, 경에서도 찾을 수 없고 율에서도 발견되지 않는다면, '이것은 확실히 세존의 말씀이 아니다. 이 비구는 잘못되었다'고 최종적으로 판단하여 그 설(說)을 추종하지 말도록 하여라. 반대로 경에서도 찾을 수 있고 율에서도 볼 수 있다면, 이것은 분명히 내가 설한 것이다. 그러므로 '이 비구의 말은 올바르다'고 최종적으로 판단하여라.

비구들이여! 이것이 제1의 큰 지표이니라. 잘 받들어 지니도록 하여라.

또 비구들이여! 장차 다음과 같이 말하는 비구들이 있을지도 모른다.

"존자들이여! 이러이러한 곳에는 장로비구·상수비구를 모신 비구모임이 있다. 그 비구모임으로부터 나는 직접 '이것이 법이다. 이것이 율이다. 이것이 큰 스승의 교설이다'라고 듣고, 그대로 수지하고 있다"라고.

그러나 그때도 비구들이여! 너희들은 그 비구의 말을 듣더라도 무비판적으로 받아들이거나 싫어하면서 거부하지 말아라. 오로지 그 말의 자구를 잘 파악하여 그 문구를 경에서 찾고 율과 대조해 보아라.

그리고 만약 경에서 찾고 율과 대조해 본 결과, 경에서도 찾을 수 없고 율에서도 볼 수 없다면, '그것은 확실히 세존의 말씀이 아니다. 이 비구는 잘못되었다'라고 최종적으로 판단하여 그 설을 추종하지 말도록 하여라. 반대로 만약 경에서도 찾을 수 있고 율에서도 볼 수 있다면, '그것은 확실히 세존이 하신 말씀이다. 이 비구의 말은 올바르다'라고 최종적으로 판단하여라.

비구들이여! 이것이 제2의 커다란 지표이니라. 잘 받들어 지니도록 하여라.

또 비구들이여! 장차 다음과 같이 말하는 비구들이 있을지도 모른다.

"존자들이여! 이러이러한 곳에 장로비구가 많이 머물고 있다. 이들 비구는 박식하여 성전에 통효하고 법을 보전하고 율을 지키며, 논모(論母)[24]를 보전하고 있는 훌륭한 비구뿐인데, 그들 장로비구들로부터 나는 직접 '이것이 법이다. 이것이 율이다. 이것이 큰 스승의 교설이다'라고 듣고, 그대로 수지하고 있다"라고.

그러나 경우에도 비구들이여! 너희들은 그 비구의 말을 듣더라도 그것을 무비판적으로 기뻐하여 받아들이거나 싫어하면서 거부하지 말고, 오로지 그 말의 자구를 잘 파악하여 그 문구를 경에서 찾고 율과 대조해 보아라.

그리고 만약 경에서 찾고 율과 대조해 본 결과, 경에서도 찾을 수 없고 율에서도 볼 수 없다면, '그것은 확실히 세존의 말씀이 아니다. 이 비구는 잘못되었다'라고 최종적으로 판단하여 그 설은 추종하지 말도록 하여라. 반대로 만약 경에서도 찾을 수 있고 율에서도 볼 수 있다면, '그것은 확실히 세존의 말씀이다. 이 비구가 말하는 것은 올바르다'고 최종적으로 판단하여라.

비구들이여! 이것이 제3의 커다란 지표이니라. 잘 받들어 지니도록 하여라.

또 비구들이여! 장차 혹은 이렇게 말하는 비구들이 있을지도 모른다.

"존자들이여! 이런이런 곳에 한 명의 장로비구가 머물고 있다. 그 장로비구는 박식하여 성전에 통효하고, 법을 보전하고 율을 지키며, 논모(論母)를 보전하고 있는 훌륭한 비구인데 그 장로비구로부터 나는 직접 '이것이 법이다. 이것이 율이다. 이것이 큰 스승의 교설이다'라고 듣고, 그대로 수지하고 있다"라고.

그러나 비구들이여! 너희들은 그런 비구의 말을 듣더라도, 그것을 무비판적으로 받아들이거나 싫어하면서 거부하지 말아라. 오로지 그 말의 자구를 잘 파악하여 그 문구를 경에서 찾고 율과 대조해 보아라.

그리고 만약 경에서 찾고 율과 대조해 본 결과, 경에서도 찾을 수 없고 율에서도 볼 수 없다면, '이것은 확실히 세존의 말씀이 아니다. 이 비구는 잘못되었다'라고 최종적으로 판단하여 그 설을 추종하지 말도록 하여라. 반대로 만약 경에서도 찾을 수 있고 율에서도 볼 수 있다면, '이것은 확실히 세존께서 하신 말씀이다. 이 비구의 말은 올바르다'라고 최종적으로 판단하여라.

비구들이여! 이것이 제4의 커다란 지표이니라. 잘 받들어 지니도록 하여라.

비구들이여! 이상이 네 가지 큰 지표이니라. 이것들을 잘 받들어 지니도록 하여라.

이렇게 보가 나가라에 머무실 동안에도 세존께서는 비구들에게 여러 가지 가르침을 설했던 것이다.

이리하여 세존께서는 보가 나가라에서 마음껏 머무신 다음 아난다 존자에게 말씀하셨다.

"자 아난다여! 우리들은 이제부터 파바 마을로 가자."

"잘 알았사옵니다, 세존이시여!"라고 아난다 존자는 대답하였다.

춘다의 공양 —— 발병의 결정적 원인

이렇게 하여 세존께서는 많은 수의 비구들과 함께 파바 마을로 향하셨다. 그리고 파바 마을에 도착하시어, 대장장이 춘다가 소유하고 있는 망고 동산에 머물고 계셨다.

대장장이 춘다는 세존께서 파바 마을에 도착하시어 '춘다의 망고 동산에 머물고 계신다'는 이야기를 듣고 서둘러 세존의 처소로 왔다. 그리고 세존께 인사드리고 한쪽에 앉았다. 자리에 앉은 대장장이 춘다에게 세존께서는 여러 가지 가르침을 설하여 믿어 받들게 하고, 격려하고 기뻐하게 하셨다.

이렇게 세존께서 가르침을 설하시니, 믿고 받들며 기뻐한 대장장이 춘다는 세존께 사뢰었다.

"세존이시여! 내일 세존께 공양을 올리고자 하오니, 비구들과 함께 꼭 오시도록 하옵소서."

이 초대를 세존께서는 침묵으로 수락하셨다.

이렇게 세존의 동의를 얻고, 대장장이 춘다는 자리에서 일어났다. 그리고 세존께 절을 올리고 오른쪽으로 도는 예를 표하고 세존의 처소를 떠났다.

그 이튿날 아침, 대장장이 춘다는 자신의 집에 딱딱하고 부드러운 갖가지 맛있는 음식을 준비하였다. 그 가운데는 스카라 맛다바[25]라는 요리도 섞여 있었다. 준비가 완료되자 대장장이 춘다는 사람을 보내어 세존께, "세존이시여! 때가 왔사옵니다. 공양준비도 다 되었사옵니다"라고 고하게 하였다.

그러자 세존께서는 그날 정오 전에 가사를 입으시고, 발우를 손에 드시고, 비구들과 함께 대장장이 춘다의 집으로 향하셨다. 그리고 도착하시어 마련된 자리에 앉으셨다. 자리에 앉으신 세존께서는 준비한 음식 가운데서 스카라 맛다바가 있는 것을 아시고, 대장장이 춘다에게 말씀하셨다.

"춘다여! 이 스카라 맛다바는 모두 내 앞으로 가져오도록 하고, 비구들에게는 다른 것을 올리도록 하여라."

"잘 알았사옵니다, 세존이시여!"라고 대답한 대장장이 춘다는 준비한 스카라 맛다바는 모두 세존께 드리고, 비구들에게는 다른 갖가지 음식을 올렸다.

이렇게 공양이 끝나자, 세존께서 춘다에게 말씀하셨다.

"춘다여! 이 남은 스카라 맛다바는 구덩이를 파 그곳에 모두 묻어라. 춘다여! 이 세상에 이것을 먹더라도 완전하게 소화할 수 있는 사람은 악마와 범천·신들과 인간들·사문과 바라문을 포함하더라도 여래 이외에는 없기 때문이니라."

"잘 알았사옵니다, 세존이시여! 서둘러 그렇게 하겠사옵니다"라고 대답한 대장장이 춘다는 세존의 말씀대로 남은 스카라 맛다바는 모두 구덩이에 묻어 버리고 세존의 처소로 되돌아와, 세존께 절을 올리고 한쪽에 앉았다. 자리에 앉은 대장장이 춘다에게 세존께서는 여러 가지 가르침을 설시하시어 믿어 받들게 하시고, 그를 격려하고 기쁘게 한 다음 자리에서 일어나 돌아가셨다.

한편 이렇게 대장장이 아들 춘다로부터 공양을 받으신 세존께 심한 병이 엄습하였다. 피가 섞인 설사를 계속하는 고

동으로, 죽음이 오고 있음을 느끼셨다.

  그러나 그런 고통에도 불구하고 세존께서는 마음 괴로워하지 않으시고, 바르게 사념하시고 바르게 의식을 보전하면서 지그시 고통을 참으셨다.

  그리고 이런 고통도 차츰 치유될 무렵, 세존께서는 아난다 존자에게 말씀하셨다.

  "자, 아난다여! 우리들은 지금부터 쿠시나가라로 가자."

  "잘 알았사옵니다, 세존이시여!"라고 아난다 존자는 대답하였다. 이리하여 세존께서는 아난다와 함께 쿠시나가라로 향하셨다.

  대장장이 춘다가 올린 공양을 받고
  세존께서는 심한 중병이 걸리셨다.
  세존은 이것이 죽음의 고통이라고……
  나는 들었네.

  드신 스카라 맛다바가 중병의 근원,
  큰 스승 세존께서 자, 향하자 쿠시나가라로……
  고통 참으면서 말씀하시도다.

  한편 쿠시나가라로 가던 중도에서 세존께서는 길 옆에 있는 어떤 나무 아래에 앉으셨다. 그리고 아난다 존자에게 말씀하셨다.

"자, 아난다여! 가사를 네 겹으로 깔아라. 피곤하니 조금 쉬고 싶다."

"잘 알았사옵니다, 세존이시여! 아난다 존자는 세존의 말씀대로 가사를 네 겹으로 깔았다.

자리에 앉으신 세존께서는 곧 아난다 존자에게 말씀하셨다.

"아난다여! 물을 길어다 다오? 나는 목이 몹시 말라 물을 마셔야만 하겠느니라."

세존께서 이와 같이 말씀하셨을 때, 아난다 존자는 다음과 같이 대답하였다.

"세존이시여! 이 시냇물은 지금 막 5백 대의 수레가 지나갔기 때문에 물결이 채 가라앉지 않아 흐려서 도저히 마실 수 없사옵니다.

세존이시여! 다행히도 조금만 가면 카쿠타 강이 있사옵니다. 그 강물이라면 물도 깨끗하고 맑고 시원하며, 또 마시기에도 좋은 물이 가득 채워져 있으므로, 충분히 목을 축일 수 있고, 몸도 씻을 수 있을 것이옵니다. 그러므로 세존이시여! 이제 잠시만 참으소서."

다시 세존께서는 아난다 존자에게 말씀하셨다.

"아난다여! 물을 길어다 주지 않겠는가? 나는 몹시 목이 말라 물을 마셔야만 하겠느니라."

세존의 말씀에 아난다 존자는 또 마찬가지로 대답하였다.

세 번째로 세존께서는 아난다 존자에게 말씀하셨다.

"아난다여! 물을 길어다 주지 않겠는가? 나는 몹시 목이 말라 물을 마셔야만 하겠느니라."

그러자 아난다 존자는 "잘 알았사옵니다, 세존이시여! 그렇게 하겠사옵니다"라고 대답하고, 발우를 가지고 냇가로 갔다.

그런데 그 시냇물은 이제 막 5백 대의 수레가 지나갔기 때문에 물도 흐리고 또한 출렁이면서 흐르고 있어야만 하는데, 아난다 존자가 갔을 때에는 맑고 깨끗한 물이 흐르고 있었다.

이것을 본 아난다 존자는 그 불가사의함에 내심 놀라워 "얼마나 불가사의한 일인가? 얼마나 경탄할 만한 일인가? 여래의 신통력, 여래의 위력은 얼마나 위대한 것인가? 이 시냇물은 이제 막 수레가 지나갔기 때문에 물도 흐리고 물결도 가라앉지 않아야 하는데, 내가 왔을 때에는 흐림이 사라지고 깨끗하게 맑아져 있다니"하고 경탄했다.

이리하여 아난다 존자는 시냇물을 발우에 가득 채우고 곧바로 세존의 처소로 돌아왔다. 그리고 본 대로 세존께 말씀드렸다.

"세존이시여! 얼마나 불가사의한 일이옵니까? 얼마나 경탄할 만한 일이옵니까? 여래의 신통력, 위력은 얼마나 위대한 것이옵니까? 저 시냇물은 이제 막 수레가 지나갔으므로 물은 적고 물결도 가라앉지 않아 흐려 있을 텐데, 제가 갔을 때는 이미 흐림은 사라지고 깨끗하게 맑아 있었사옵니다.

세존이시여! 드시옵소서. 원만한 분은 드시옵소서. 드시고 목을 축이소서."

이렇게 하여 세존께서는 물을 드셨다.

푸쿠사와의 만남

바로 그때 알라라 카라마의 제자이며 말라 족의 아들인 푸쿠사가 쿠시나가라에서 파바로 향해 가고 있었다.

말라족의 아들 푸쿠사는 세존께서 길 옆 나무 아래에서 쉬고 계시는 것을 보고 그 곳으로 갔다. 그리고 세존께 인사 드리고 한쪽에 앉은 말라 족의 아들 푸쿠사는 세존께 다음과 같이 말씀드렸다.

"세존이시여! 출가하신 분들이 머무는 청정한 경지란 실로 불가사의하고 실로 희유한 일이옵니다.

이렇게 말씀드리는 것은 세존이시여! 사실 저는 알라라 카라마의 제자인데, 예전에 저의 스승께서 여행 도중 길 옆의 나무 아래에서 공양 후 명상을 하고 계셨사옵니다. 그때 세존이시여! 5백 대의 수레가 줄을 지어 스승인 알라라 카라마의 앞을 지나갔습니다. 그리고 그 수레를 따라오던 한 남자가 스승 알라라 카라마가 계시는 곳에 이르러 스승과 다음과 같은 문답을 주고 받았습니다.

"혹시 출가하신 분이시여! 이제 막 이곳에 5백 대의 수레가 지나갔사온데, 보셨사옵니까?"

"아니네, 벗이여! 나는 아무것도 보지 못하였네."

"그럼 무슨 소리라도 듣지 못하였사옵니까?"

"아니네, 벗이여! 나는 아무것도 듣지 못하였네."

"그러면 당신은 주무셨던 것이옵니까?"

"아니네, 벗이여! 나는 자지 않았네."

"그러면 당신은 의식이 있었던 것이옵니까?"

"분명히 그대로네, 벗이여! 나는 확실하게 의식이 있었다네."

"그러면 당신은 자지도 않고 의식도 확실했는데, 5백 대의 수레가 조금 전에 지나갔는데도, 그것을 보지도 못하고 그 소리를 듣지도 못했다고 하시다니요. 그럼 출가하신 분이시여! 당신의 상의에 흙탕물이 묻지 않았사옵니까?"

"그렇게 말하고 보니, 벗이여! 확실히 나의 상의에 흙탕물이 튕겨 있구려."

세존이시여! 그 남자는 이렇게 생각했습니다.

"참으로 불가사의한 일이다. 실로 희유한 일이다. 출가한 사람이 청정한 경지에 들어 있으면 잠들어 있을 리도 없고 의식도 확실했을 텐데, 눈 앞에 5백 대의 수레가 줄을 지어 지나갔는데도 그것을 보지도 못하고 그 소리를 듣지도 못했다니."

이리하여 그 남자는 알라라 카라마께 깊은 존경의 뜻을 표하고 자리에서 일어나 떠났습니다. 저 역시 이 같은 이야기를 듣고, 알라라 카라마에 대해 깊은 존경의 뜻을 품게 되었습니다."

"과연 그런 일이 있었는가? 그런데 푸쿠사여! 그대는 어떻게 생각하는가? 다음과 같은 일이 있다고 한다면, 어느 쪽의 사람이 더 어렵게 의식하지 않는 경지에 도달했겠는가?

즉 한 사람은 자지도 않고 의식도 확실했다. 그런데 눈 앞에 5백 대의 수레가 지나가도 그것을 보지도 못하고 그 소리를 듣지도 못한 채 의식하지 못하는 것과, 다른 한 사람 역시 마찬가지로 자지도 않고 의식도 확실했는데 소나기가 심하게 내리고 번개가 치며 천둥이 울리면서 바로 근처에 벼락이 떨어지는데도 그것을 보지도 못하고 그 소리를 듣지도 못한 채 의식하지 못하는 것과 비교하면, 도대체 어느 쪽의 사람이 더 어렵게 의식하지 않는 경지에 도달할 것인가?"

"세존이시여! 그것은 말할 필요도 없사옵니다. 5백 대의 수레가 아니라 설령 6백, 7백, 8백, 9백, 1천의 수레, 혹은 그 10배가 넘을지라도, 훨씬 더 어렵게 의식하지 않는 경지에 도달할 것이옵니다."

"푸쿠사여! 그대도 그렇게 생각하는가? 그런데 푸쿠사여! 내가 예전에 아투마의 '왕겨의 집'에 머무른 적이 있는데, 그때 갑작스럽게 심한 소나기가 내리고 천둥과 번개가 치면서 바로 근처에 벼락이 떨어졌다. 그로 말미암아 푸쿠사여! '왕겨의 집'에 있던 두 농부와 네 마리의 소가 벼락에 맞아 죽었느니라. 그러자 푸쿠사여! 아투마 마을의 사람들은 이 두 명의 농부와 소의 사체(死體)가 있는 곳으로 왔느니라.

푸쿠사여! 그때 나는 '왕겨의 집'에서 명상에 들어 있었는데, 잠시 경행(經行)을 하기 위해 집 밖으로 나오자, 모여 있던 마을 사람들 가운데 한 명이 내가 있는 곳으로 왔다. 그 마을 사람은 절을 하고 나의 옆에 섰다. 그래서 나는 마을 사람과 다음과 같은 문답을 주고받았던 것이니라.

"벗이여! 사람이 많이 모인 듯한데, 도대체 무슨 일이 있었는가?"

"실은 지금 내린 소나기와 벼락에 농부 형제 두 명과 소 네 마리가 죽었사옵니다. 그래서 마을 사람들이 많이 모였는데, 당신께서는 도대체 어디에 계셨던 것이옵니까?"

"벗이여! 나는 줄곧 이곳 '왕겨의 집' 속에 있었다네."

"그러면 조금 전의 번개는 보셨사옵니까?"

'아니네, 벗이여! 나는 보지 못하였네.'

"그럼 천둥소리는 듣지 못하셨사옵니까?"

"아니네, 벗이여! 나는 천둥소리도 듣지 못했다네."

"그럼 도대체 당신은 주무시고 계셨사옵니까?"

"아니네, 벗이여! 나는 자지도 않았다네."

"그럼 당신은 의식이 확실하게 있었던 것이옵니까?"

"그대로네, 벗이여! 나는 분명히 의식이 있었네."

"그럼 당신은 특별히 주무시지 않으셨고 의식도 확실하면서, 소나기가 내리고 천둥이 치고 벼락이 떨어졌는데 그것을 보지도 못하고 그 소리를 듣지도 못하셨사옵니까?"

"그대로네, 벗이여! 나는 번개를 보지도 못하였고 그 소리를 듣지도 못했다네. 소나기가 내렸다는 것도 몰랐다네."

내가 이렇게 대답하니, 푸쿠사여! 그 마을 사람은 이렇게 생각하는 듯했다.

'참으로 불가사의한 일이다. 실로 희유한 일이도다. 출가한 분께서 청정한 경지에 들어 있으면 자지 않고 의식도 분명했는데, 눈 앞에 소나기가 심하게 내리고 천둥 번개가 치고 바로 근처에 벼락이 떨어졌는데도 그것을 보지도 못하고 그 소리를 듣지도 못한 채 의식하지 못했다니'라고.

이리하여 그 마을 사람은 나에게 깊은 존경의 뜻을 표하고 오른쪽으로 도는 예를 표하고는 일어나 떠났던 것이니라."

세존으로부터 이러한 말씀을 들은 말라 족의 아들 푸쿠사는 세존께 다음과 같이 말씀드렸다.

"세존이시여! 지금 세존의 이야기를 듣고 보니 알라라 카라마에 대한 나의 존경심 따위는 태풍 속의 먼지, 급류 속의 나뭇잎처럼 날아가 버렸사옵니다.

세존이시여! 참으로 훌륭하십니다. 세존이시여! 세존께서는 마치 넘어진 사람을 붙잡아 일으키고, 눈꺼풀을 쓴 사람에게는 눈꺼풀을 떼어주고 길에서 헤매는 사람에게 바른 길을 제시하고, 암흑 속에 있는 사람에게 등불을 밝혀 '눈 있는 자는 보라'고 말씀하시듯, 이 우매한 저에게 훌륭한 말씀을 하시어 진리를 설시하셨사옵니다.

　세존이시여! 이제부터 저는 세존께 귀의하겠사옵니다. 또 가르침과 비구모임(僧伽)에 귀의하겠사옵니다. 세존이시여! 부디 저를 재가신자로서 허락해 주시옵소서. 오늘 이후 일생 동안 저는 귀의하겠사옵니다."

　이리하여 말라 족의 아들 푸쿠사는 세존의 재가신자가 되었는데, 허락을 받은 푸쿠사는 하인들을 향해 말했다.

　"여봐라! 나의 짐 속에 금색의 좋은 옷이 있을 것이니 그것을 한 벌 가지고 오너라."

　"잘 알았사옵니다, 주인나리"라고 푸쿠사의 하인은 대답한 뒤 금색의 화려한 옷 한 벌을 가지고 나왔다. 말라 족의 아들 푸쿠사는 화려한 금색의 옷을 받아 세존께 올리고 이렇게 말했다.

　"세존이시여! 변변하지 못한 것이지만, 부디 저를 가엾이 여기시와 이것을 받아 주소서."

　"푸쿠사여! 그러면 나는 그 옷을 받으리라. 그리고 한 벌을 더 아난다에게 올려라."

　"잘 알았사옵니다, 세존이시여!"라고 대답한 말라 족의 아들 푸쿠사는 세존의 말씀대로 한 벌은 세존께, 그리고 또 한 벌은 아난다 존자에게 올렸다.

　그러자 세존께서는 여러 가지 가르침으로 말라 족의 아들 푸쿠사에게 설시하시어 믿어 받들게 하시고, 그를 격려하시고 기뻐하게 하셨다. 이렇게 세존께서 가르침을 설하시니 믿어 받들고, 격려받고 기뻐한 말라 족의 아들 푸쿠사는 자리에서 일어나 오른쪽으로 도는 예를 표하고 떠났다.

말라 족의 아들 푸쿠사가 일어나서 떠나자 곧 아난다 존자는 푸쿠사가 올린 금색 옷 한 벌을 세존께 입혀 드렸다. 그런데 금색 옷이 세존의 몸 앞에서는 사그러진 잿불처럼 빛을 잃었다.

그 모습을 보고 아난다 존자는 세존께 이렇게 사뢰었다.

"세존이시여! 참으로 불가사의한 일이 아니옵니까? 실로 희유한 일이옵니다. 세존이시여! 여래의 피부색은 청정하여 하얗게 빛나고 있사옵니다. 화려한 금색 옷을 세존께 올렸는데, 세존의 모습 앞에서는 이 옷 색이 그 빛을 잃었습니다."

"확실히 그럴 것이니라, 아난다여! 여래는 두 가지 경우에만 특별히 여래의 피부색을 하얗고 청정하게 빛나게 하느니라. 아난다여! 그것은 어떤 때인가? 하나는 여래가 위없는 바른 깨달음을 얻어 부처가 되는 때이고, 또 하나는 여래가 남김없이 완전한 열반의 세계에 드는 때이니라.

아난다여! 이 두 가지 경우에는 여래의 피부색이 유달리 청정하여 하얗게 빛나게 되느니라.

아난다여! 오늘 밤 최후의 야분(夜分)[26]에 쿠시나가라 근교 '역사(力士 ; 세존)가 태어났던 곳'인 사라 나무 숲속의 한 쌍의 사라 나무(娑羅雙樹) 사이에서 여래는 완전한 열반의 세계에 들 것이니라.

자, 아난다여! 우리들은 이제부터 카쿠타 강으로 가자."
"잘 알았사옵니다, 세존이시여!"라고 아난다 존자는 대답하였다.

황금색 옷 한 벌
푸쿠사 올렸네
그것을 걸치신 큰 스승님께서는
금색처럼 찬란히 빛나시네.

카쿠타 강에서 — 춘다를 위로하다

다시 세존께서는 많은 수의 비구들과 함께 카쿠타 강으로 향하셨다. 그리고 카쿠타 강에 도착하시어 흐르는 물에 몸을 담궈 목욕하시고, 또 입을 씻으시고 물을 드셨다. 그것이 끝나자 강변에 오르시어 근처 망고 나무 숲으로 가셨다. 망고 나무 숲에 자리를 잡으신 세존께서는 춘다카 존자[27]에게 말씀하셨다.

"자, 춘다카여! 가사를 네 겹으로 깔아 주지 않겠는가? 춘다카여! 나는 피곤하여 잠시 누워서 쉬고 싶다."
"잘 알았사옵니다, 세존이시여!"라고 춘다카 존자는 대답하고, 서둘러 가사를 네 겹으로 깔았다.
그러자 세존께서는 그 위에 오른쪽으로 몸을 틀고 아래로

발과 발을 겹쳐 모으시고 사자가 옆으로 눕듯이 몸을 눕히셨다. 그리고 바르게 사념하고 바르게 의식을 보전하시며, 생각을 일으키려는 마음을 초월하셨다. 세존 앞에 춘다카 존자가 앉았다.

    물이 맑아 뜻에 맞는
    깨끗한 강 카쿠타
    부처님 그곳에 도착하셨네

    세상에 비할 데 없는 여래
    큰 스승께서는 심히 피로한
    몸으로 강에 드셨다네

    몸을 깨끗하게 하시고 입을 씻으시고
    강에서 나오신 큰 스승께서는
    우리들 비구의 중심이 되어

    진리의 가르침을 설하시지 않고
    큰 스승 세존께서는
    망고 숲으로 가셨다네

    춘다카라는 이름의 한 비구에게
    "나를 위해 가사를 네 겹으로 펴 주게"

라고 말씀하시네

분부받은 춘다카 기뻐하여
익숙한 솜씨로 빠르게
가사를 네 겹으로 폈다네

피로한 큰 스승께서는
몸을 누이시니
그 앞에서 시봉하네 춘다 비구

다시 이렇게 잠시 몸을 쉰 세존께서는 아난다 존자에게 말씀하셨다.
"아난다여! 장차 저 대장장이 아들 춘다에게 다음과 같은 비난이 있을지도 모른다.
즉 '그대 춘다여! 여래께서는 그대가 올린 공양을 마지막으로 입멸하셨다. 그것은 너에게는 이익됨이 없을 것이다.' 그리고 아난다여! 그로 말미암아 대장장이 아들 춘다는 나에게 최후로 올린 공양을 후회할지도 모른다. 그러면 아난다여! 너는 이렇게 말하여 대장장이 아들 춘다를 위로하여라.
'그대 춘다여! 조금도 후회할 것 없소. 여래께서 당신이 올린 최후의 공양을 드신 뒤 입멸하셨다는 것은 당신에게는 참으로 경사스럽고 좋은 일이오. 이렇게 말하는 것은, 그대 춘다여! 세존께서는 생전에 나에게 다음과 같이 말씀하셨기 때문이오.

음식을 시여(施與)함에는 큰 공덕과 큰 이익이 있는데, 그 가운데서도 뛰어난 큰 공덕을 가져오는 것에 두 가지가 있나니, 이들 두 가지가 가져오는 결과는 모두 같아 서로 우열이 없다.

그러면 그 두 가지 음식의 시여란 무엇인가? 하나는 그것을 먹고 여래가 위없이 바른 깨달음을 얻어 부처가 될 때이고 또 하나는 그것을 먹고 여래가 남김없는 완전한 열반의 세계(無餘涅槃界)에 들 때이니라. 이러한 두 가지 음식을 시여한 공덕은 모두 동등하여 서로 우열이 없는데, 다른 음식의 시여와 비교한다면 훨씬 큰 이익과 복덕을 가져오느니라.

그러므로 그대 춘다여! 대장장이 아들 춘다 존자는 장차 장수(長壽)를 가져오는 행위를 성취하며, 좋은 태어남으로 나아가는 행위를 성취하며, 안락함으로 나아가는 행위를 성취하며, 명성을 얻는 행위를 성취하며, 혹은 천계(天界)로 나아가는 행위를 성취하고, 또 대장장이 아들 춘다 존자는 왕후(王候)로 나아가는 선업(善業)을 쌓은 것이오. 이 얼마나 훌륭한 일이 아니겠소'라고.

아난다여! 대장장이 아들 춘다에 대한 비난을 이렇게 말하여 춘다를 변호하고 위로하여라."

그리고 세존께서는 그 의미를 부연하시어, 그때 다음과

같은 기쁨의 시를 노래하셨다.

  베푸는 사람에게 복은 증가하고
  자제로운 사람은 원망하지 않으며
  선한 사람 나쁜 과보 받지 않고
  탐진치(貪·瞋·癡)는 다하여 열반에 들리

제 5 장 입멸(入滅)

입멸의 땅 —— 쿠시나가라

다시 세존께서는 아난다 존자에게 말씀하셨다.

"자, 아난다여! 우리들은 이제부터 히란냐바티 강(江) 맞은편 언덕 쿠시나가라 외곽의 '여래가 태어난 곳'인 사라 나무 숲으로 가자."

"잘 알았사옵니다, 세존이시여!"라고 아난다 존자는 대답하였다.

그러자 세존께서는 많은 수의 비구들과 함께 히란냐바티 강의 맞은편 언덕에 있는 쿠시나가라 외곽의 사라 나무 숲으로 향하셨다. 그리고 그곳에 도착하시어 아난다 존자에게 말씀하셨다.

"자, 아난다여! 이 한 쌍의 사라 나무 사이에 머리가 북쪽으로 향하도록 침상을 준비하여라. 나는 피로하므로 누워서 쉬고 싶다."

"잘 알았사옵니다, 세존이시여!"라고 아난다 존자는 대답하였다.

그리고 말씀하신 대로 두 그루 사라 나무 사이에 북쪽으로 머리가 향하도록 침상을 준비하였다.

그러자 세존께서는 오른쪽 허리를 아래로 하시고 발을 겹치고, 사자가 눕는 듯한 모습으로 바르게 사념하시고 바르게 의식을 보전하시어 누우셨다.

그런데 그때 이 한 쌍의 사라 나무는 아직 꽃필 때도 아닌데 갑작스럽게 온통 꽃을 피웠다. 그리고 그 꽃잎이 여래의 전신(全身)에 한 잎 한 잎 흩날리면서 떨어져 여래께 공양드렸다.

또 허공에는 천상에서만 피는 만다라바 꽃이 한들한들 흩날리면서 여래의 전신에 떨어져 여래께 공양했다. 마찬가지로 허공에서 전단분향이 한들한들 흩날리면서 여래의 전신에 떨어져 여래께 공양하였다. 게다가 천상의 악기가 허공에서 울려퍼지면서 여래께 공양하고, 또 천상에서 음악이 울리면서 여래께 공양하였다.

그 모습을 보시고 여래께서 아난다 존자에게 말씀하셨다.

"아난다여! 지금 이렇게 이 한 쌍의 사라 나무는 아직 제철도 아닌데 꽃이 피어 그 꽃잎이 여래의 전신에 한들한들 흩날리며 내려와 여래를 공양하고 있다. 또 허공에서는 천상에서만 피는 만다라바 꽃이 여래의 전신에 한들한들 흩날리며 내려와 여래를 공양하고 있다. 마찬가지로 천상의 전단분향도 여래의 전신에 한들한들 흩날리며 내려와 여래를 공양하고 있다. 게다가 또 천상의 악기가 허공에서 울려퍼지면서 여래를 공양하고, 천상의 음악도 들려 여래를 공양하고 있다.

그러나 아난다여! 절대 이러한 일만이 여래를 경애, 존경, 숭배하며 공양하는 일은 아니다.

아난다여! 비구와 비구니, 재가신자·여성 재가신자 등이 진리와 그것에 따라 일어나는 것을 향해 올바르게 행동하며, 진리에 수순하여 행동하는 것이야말로 보다 깊게 여래를 경애, 존경, 숭배하며 공양하는 것이 되느니라.

그러므로 아난다여! '우리들은 진리와 그것에 따라 일어나는 것을 향해 올바르게 행동하고, 진리에 수순하며 행동하자'라고, 아난다여! 이렇게 배워야 한다."

바로 그때 우파바나 존자가 정면에서 세존께 부채질을 해드리고 있었다. 그것을 아신 세존께서는 우파바나 존자에게 주의를 주시며 말씀하셨다.

"비구여! 그곳을 비켜라. 나의 바로 앞에 서 있지 말아라."

이것을 보고 아난다 존자는 다음과 같이 생각하였다.

'이 우파바나 존자는 오랜 동안 세존을 가까이에서 시봉한 수행자이고, 가까이에서 돌보아 드린 사람인데, 세존께서는 최후의 때가 되어 우파바나 존자에게 비구여! 그곳을 비켜라. 나의 바로 앞에 서 있지 말라고 주의하셨다. 도대체 무슨 원인, 무슨 이유로 세존께서는 우파바나 존자에게 비구여! 그곳을 비켜라. 나의 바로 앞에 서 있지 말라고 주의를 주시는 것일까?'라고.

그래서 아난다는 세존께 그 이유를 물었다.

"세존이시여! 이 우파바나 존자는 오랜 동안 세존을 시봉한 수행자이고, 세존의 가까이에서 돌보아 드린 사람인데, 지금 최후의 때가 되어 우파바나 존자를 향해, '비구여! 그곳을 비켜라. 나의 바로 앞에 서 있지 말라'고 주의를 주셨사옵니다.

세존이시여! 세존께서는 도대체 무슨 원인, 무슨 이유가 있어, 우파바나 존자에 대해 '비구여! 그곳을 비켜라. 나의 바로 앞에 서 있지 말라'고 주의를 주시는 것이옵니까? 부디 그 이유를 들려 주시옵소서."

"아난다여! 그 이유는 이러하다.

아난다여! 너에게는 보이지 않을지 모르지만, 지금 이곳에는 시방세계의 많은 신들이 여래를 친견하고자 모여들고 있다. 그래서 아난다여! 이 쿠시나가라(여래가 태어난 곳)의 사라 나무 숲 주위 10요자나[28]에는 큰 위력을 가진 신들로 입추의 여지도 없을 정도이니라. 아난다여! 그 신들은 제각기 다음과 같이 불평하고 있다.

'우리는 여래를 뵙고자 특별히 멀리서 왔다. 여래·존경받을 만한 분·바른 깨달음을 얻은 분이 이 세상에 나타나는 것은 지극히 드문 일이다. 그리고 오늘 밤이 깊어 여래께서는 완전한 열반에 드시려 하신다. 그래서 우리들은 아주 먼 곳에서 왔는데, 지금 이렇게 대단히 공덕이 높은 비구가 세존 앞에 서 있으니, 그것에 방해받아 우리들은 이 최후의 때에 여래를 배알할 수 없지 않은가?'라고.

아난다여! 그래서 나는 우파바나에게 나의 앞에서 비켜서 도록 했던 것이니라."

"세존이시여! 미숙한 저의 눈으로는 신들의 모습을 볼 수 없는데, 세존께서는 어떤 모습으로 보이시옵니까?"

"아난다여! 허공에 있는 신들은 대지를 생각하면서 머리를 산발하고 통곡하며, 팔을 뻗고 슬피 울며, 혹은 땅에 드러누워 마구 여기저기를 뒹굴면서 '아! 세존께서는 어이하여 이리도 급히 열반에 드시나이까? 원만한 분께서는 무슨 까닭에 이리도 급히 열반에 드시나이까? 세상의 눈은 무슨 까닭에 이리도 빠르게 모습을 감추시려 하시나이까?'라고 슬퍼하고 있느니라.

또 아난다여! 지상에 있는 신들도 대지를 생각하면서 마찬가지로 머리를 산발하고 통곡하며, 팔을 뻗고 슬피 울며, 혹은 땅에 드러누워 마구 여기저기를 뒹굴면서 '아! 세존께서는 어이하여 이리도 급히 열반에 드시나이까? 원만한 분께서는 무슨 까닭에 이리도 급히 열반에 드시나이까? 세상의 눈은 무슨 까닭에 이리도 빨리 모습을 감추시려 하시나이까?'라고 비탄해 하고 있느니라.

아난다여! 다만 탐욕을 떠난 신들만은 '세상의 모든 행위

(작용)는 모두 덧없는(無常) 것이다. 변해 가는 것을 어찌 머물도록 하겠는가?'라고, 바르게 사념하고 바르게 의식을 보전하여 지그시 슬픔을 감내하고 있느니라."

"세존이시여! 지금까지는 각 지방에서 하안거를 보낸 비구들이 사방팔방에서 여래를 뵙고자 왔고, 우리는 그와 같이 수승한 비구들을 만나 그들을 존경하면서 받들어 모실 수도 있었사옵니다.

그러나 세존이시여! 세존께서 입멸하신 후에는 우리는 그런 수승한 비구들을 만나거나 또 그들을 존경하면서 받들어 모실 수도 없게 되었습니다.

세존이시여! 그것이 저에게는 서글프게 생각되옵니다."

"아난다여! 그다지 슬퍼할 것 없느니라. 나의 사후에도 신앙심이 두터운 양가의 자제(善男子)는 다음과 같이 여래를 기념할 만한 네 곳을 보면서, 여래를 생각하고 세상을 무상하게 여기면서 깊은 종교심을 일으킬 수 있을 것이니라.

그것은 어떤 장소이겠는가?

아난다여! 여래의 탄생지에서 신앙심이 두터운 양가의 아들들은 이곳을 바라보면서 '이곳에서 여래께서 태어나셨다'라고 생각하면서 여래를 생각하고 세상을 무상하게 여기면서 깊은 종교심을 일으킬 수 있을 것이니라.

다음에 여래께서 정각을 얻은 땅에서,

아난다여! '이곳에서 여래는 위없는 바른 깨달음을 얻어 부처가 되셨다'라는 생각으로 신앙심이 돈독한 양가의 아들들은 이곳을 보면서 여래를 생각하고 세상을 무상하게 여기면서 깊은 종교심을 일으킬 수 있을 것이니라.

다음에 아난다여! 여래의 최초 설법지에서, '이곳에서 여래는 위없는 가르침의 바퀴를 굴리셨다(初轉法輪)'라는 생각으로 신앙심이 돈독한 양가의 아들들은 이곳을 보면서 여래를 생각하고 세상을 무상하게 여기면서 깊은 종교심을 일으킬 수 있을 것이니라.

그리고 여래의 입멸지에서 아난다여! '이곳에서 여래는 남김없는 완전한 열반의 세계에 드셨다'라는, 생각으로 신앙심이 돈독한 양가의 아들들은 이곳을 보면서 여래를 생각하고 세상을 무상하게 여기면서 깊은 종교심을 일으킬 수 있을 것이니라.

아난다여! 이렇게 여래를 기념할 만한 성스러운 네 곳을 본다면, 신앙심이 돈독한 양가의 아들들은 이곳들을 보면서 여래를 생각하고 세상을 무상하게 여기면서 깊은 종교심을 일으킬 수 있을 것이니라.

그리고 아난다여! 이미 불제자가 된 비구·비구니·우바새·우바이들도 또한 '이곳에서 여래께서 태어나셨다', '이곳에서 여래께서 위없이 바른 깨달음을 얻어 부처가 되셨다', '이곳에서 여래께서 위없는 가르침의 바퀴를 굴리셨다', '이곳에서 여래는 남김없는 완전한 열반의 세계에 드셨다' 등등으로 말하면서 이들 지방을 찾아올 것이니라.

아난다여! 마음이 청정하고 신앙심이 돈독하여 영지를 순례하면서 걷는 이는, 죽어서 육체가 멸한 후 좋은 곳·하늘 세계에 태어날 것이니라."

"세존이시여! 출가한 사람들은 여인에 대하여 어떠한 태도를 취하는 것이 좋겠사옵니까?"
"아난다여! 보지 않는 것이다."
"만약에 보았을 때에는 세존이시여! 어떻게 하는 것이 좋겠사옵니까?"
"아난다여! 말을 걸지 않는 것이다."
"그럼 세존이시여! 만약 말을 걸어올 때에는 어떻게 하는 것이 좋겠사옵니까?"
"그때에는 아난다여! 바른 사념을 보전하여라."

"세존이시여! 우리들은 세존의 유해를 어떻게 모시면 좋겠사옵니까?"
"아난다여! 너희 출가자는 여래의 유해를 모시겠다는 따위의 생각은 하지 말라. 너희들은 단지 출가 본래의 목적을 향하여 바른 마음으로 노력하며, 게으름 피우지 말고 정진하면서 지내야 하느니라. 아난다여! 여래에 대해 각별하게 깊은 숭경의 생각을 품고 있는 현자가 왕족이나 바라문·자산자들 가운데 있을 것이니라. 그러한 이들이 여래의 유해를 모실 것이니라."
"그럼 세존이시여! 그러한 이들은 여래의 유해를 어떻게 모시는 것이 좋겠사옵니까?"

"아난다여! 여래의 유골은 전륜성왕[29]의 장법(葬法)을 따라 치름이 좋으리라."

"그럼 세존이시여! 전륜성왕의 유골은 어떻게 모셨사옵니까?"

"아난다여! 전륜성왕의 장의(葬儀)는 다음과 같이 행하느니라.

우선 유해는 새로운 옷으로 감싸고 그것을 다시 새로운 무명베로 감싼다. 그리하여 그 위를 또 새 옷으로 감싸고, 다시 새 무명베로 감싼다. 이렇게 새 옷과 새 무명베를 번갈아 5백 번씩 감싼 다음, 전륜성왕의 유해는 철로 만든 관에 봉안하느니라. 그리고 철관으로 뚜껑을 씌운 후, 온갖 종류의 향나무를 쌓아 올려 만든 화장할 나무 위에 안치하여 다비(茶毘)[30]하느니라.

이렇게 다비가 끝난 다음, 큰 길이 교차하는 사거리 중앙에 전륜성왕을 기념하는 탑을 건립하느니라. 아난다여! 전륜성왕의 장의(葬儀)는 이렇게 치렀느니라.

아난다여! 여래의 장의도 이렇게 치러야만 하느니라. 그리고 큰 길이 교차하는 사거리 중앙에 마찬가지로 여래를 기념하는 탑을 건립한 뒤 그 탑에 꽃다발과 훈향(薰香)·말향(抹香) 등을 공양한 다음, 합장하고 마음을 깨끗이 하는 이는 이후 오랜 동안 안락함을 얻을 수 있을 것이니라.

그런데 아난다여! 다음의 네 종류의 사람들은 탑을 건립하여 공양받을 만한 이들이니라. 그 네 종류의 사람이란 어떤 사람인가? 우선 여래·존경받을 만한 이·바른 깨달음을 얻은 이는 탑을 건립할 만하다.

또 홀로 깨달음을 얻은 이(獨覺)도 탑을 건립할 만하다. 다음으로 여래의 제자(聲聞)도 탑을 건립할 만하고, 마지막으로 전륜성왕도 탑을 건립할 만하다.

아난다여! 여래·존경받을 만한 이·바른 깨달음을 얻은 이에게 어떠한 이유로 탑을 건립해야만 하는가? 그것은 아난다여! 이 탑을 보고 '아! 이것이 세존·여래·존경받을 만한 이·바른 깨달음을 얻은 이의 탑이다'라고 하면서, 많은 사람들은 감개하면서 청정한 마음이 될 수 있느니라.

이러한 청정한 마음의 공덕으로 오체(五體)가 무너져 죽은 다음 좋은 곳·하늘 세계에 태어날 수 있기 때문이니라. 이러한 공덕이 있기 때문에 아난다여! 여래·존경받을 만한 이·바른 깨달음을 얻은 이에게는 탑을 건립할 만한 것이니라.

다음으로 아난다여! 홀로 깨달음을 얻은 이(獨覺), 여래의 제자(聲聞), 그리고 전륜성왕에 대해 사람들이 어떠한 이유로 탑을 건립할 만하겠는가?

그것은 아난다여! 그 탑을 보고 '아! 이것이 홀로 깨달음을 얻은 이, 여래의 제자 그리고 전륜성왕의 탑이다'라고 하면서 많은 사람들이 감개하면서 청정한 마음이 될 수 있으니, 이 공덕으로 오체가 무너져 죽은 다음 좋은 곳·하늘 세계에 태어날 수 있기 때문이니라.

이러한 공덕이 있기 때문에 아난다여! 홀로 깨달음을 얻은 이, 여래의 제자, 전륜성왕의 탑을 건립할 만한 것이니라.

아난다여! 이상의 네 종류의 사람들에 대해서는 탑을 건립할 만한 것이니라."

아난다의 슬픔

한편 아난다 존자는 세존이 말씀하시는 동안에도 슬픔을 참지 못한 채, 슬며시 정사(精舍) 안에 몸을 숨기고, "아! 나는 배워야 할 것, 이루어야 할 것이 아직도 많이 있다. 그런데 저 자애로움이 깊으신 큰 스승님께서는 나를 두고 가시려 하다니"라며, 문고리를 부여잡고 소리를 죽여가면서 울었다.

세존께서는 아난다 존자가 곁에 없는 것을 아시고 비구들에게 물으셨다.

"비구들아! 아난다 존자가 보이지 않는데, 어디 갔느냐?"

어떤 비구가 대답하였다.

"세존이시여! 아난다 존자는 세존께서 입멸하시는 것에 대한 괴로움을 참지 못하여 정사에 들어가, 문고리를 부여잡고 '아! 나는 배워야 할 것, 이루어야 할 것이 아직 많이 있는데, 저 자애로움이 깊으신 큰 스승님께서는 나를 두고 가시려 하다니'라며 울고 있사옵니다."

그러자 세존께서는 한 비구에게 말씀하셨다.

"자, 비구여! 너는 아난다가 있는 곳으로 가 '그대, 아난다여! 큰 스승님께서 그대를 부른다'고 전하여라."

"잘 알았사옵니다, 세존이시여!"라고 그 비구는 대답하고, 곧 아난다 존자가 있는 곳으로 가 아난다 존자에게 말하였다.

"그대, 아난다여! 큰 스승님께서 자네를 부르시네."

그러자 아난다 존자도 "알았네, 벗이여!"라고 대답하면서 눈물을 훔치고 세존의 처소로 갔다. 그리고 세존께 절을 드리고 한쪽에 앉았다.

아난다 존자가 한쪽에 앉으니 세존께서는 아난다 존자에게 다음과 같이 말씀하셨다.

"아난다여! 너는 나의 입멸을 한탄하거나 슬퍼해서는 안 되느니라. 아난다여! 너에게 항상 말하지 않았더냐? 아무리 사랑하고 마음에 맞는 사람일지라도 마침내는 달라지는 상태·별리(別離)의 상태·변화의 상태가 찾아오는 것이라고.

그것을 어찌 피할 수 있겠느냐? 아난다여! 태어나고 만들어지고 무너져 가는 것, 그 무너져 가는 것에 대하여 아무리 '무너지지 말라'고 만류해도, 그것은 순리에 맞지 않는 것이니라.

아난다여! 너는 참으로 오랜 동안 사려 있는 행동으로 나에게 이익과 안락을 주고 게으름 피우지 않고 일심으로 시봉하였느니라. 너는 또한 사려 있는 말과 사려 있는 배려로써 나에게 이익과 안락을 주고, 게으름 피우지 않으면서 일심으로 시봉하였다.

아난다여! 너는 많은 복덕을 지은 것이다. 이제부터는 게으름 피우지 말고 수행에 노력하여 빨리 번뇌 없는 경지에 도달함이 좋으리라."

다시 세존께서는 비구들에게 말씀하셨다.

"비구들이여! 예전에 이 세상에 출현하셨던 수많은 존경받을 만한 이·바른 깨달음을 얻은 이(과거의 모든 부처님)들에게도 지금 나의 아난다처럼 수승한 시자(侍者)가 있었느니라.

또 비구들이여! 지금부터 출현할 수많은 존경받을 만한 이·바른 깨달음을 얻은 이·여래들도 나의 아난다처럼 훌륭한 시자가 있을 것이니라.

이렇게 비구들이여! 여래에게는 항상 훌륭한 시자가 있는 것이니라.

비구들이여! 아난다 존자는 지혜가 있어 그 스스로 '지금은 비구들이 여래를 만나기에 좋은 때', '지금은 재가신자·여성 재가신자·왕후·신하·다른 종교인들·그 제자들이 여래를 만나기 좋은 때'라는 것을 잘 이해하고 있다.

비구들이여! 아난다에게는 특별히 네 가지 훌륭하고 뛰어난 점이 있느니라. 그 네 가지 장점이란 무엇이겠느냐?

비구들이여! 비구다운 이들이 아난다를 만나고자 한다. 이 사람은 단지 아난다를 만나는 것만으로 만족해 한다. 아난다가 가르침을 설하면, 그것을 듣고 더욱 더 마음 흡족해 한다. 그러나 비구들이여! 아난다가 침묵하면, 그들은 만족해 하지 않을 것이니라.

또 비구들이여! 비구니다운 이·재가신자다운 이·여성 재가신자다운 이도 아난다를 만나려 한다. 그들도 마찬가지로 단지 아난다를 만나는 것만으로 만족해 하는데, 아난다가 가르침을 설하면 그것을 듣고 더욱 더 마음 흡족해 한다. 그러나 비구들이여! 아난다가 침묵하면 그들은 만족해 하지 않을 것이니라.

비구들이여! 전륜성왕에게도 마찬가지로 네 가지 특별히 훌륭한 장점이 있느니라. 그 네 가지 장점이란 무엇이겠는가?

비구들이여! 왕족 혹은 바라문·자산가·사문들이 전륜성왕을 만나러 오느니라. 그때 그들은 왕을 만나는 것만으로 만족해 한다. 혹 왕이 무엇을 말하면 그것을 듣고 더욱 더 마음 흡족해 하느니라. 그러나 비구들이여! 반대로 왕이 침묵하면 그들은 만족해 하지 않을 것이니라.

이와 같이 비구들이여! 아난다에게는 네 가지 특별히 훌륭한 점, 남달리 뛰어난 장점이 있느니라. 즉 비구들이여! 비구와 비구니·재가신자와 여성 재가신자들이 아난다를 만나러 온다. 그들은 동일하게 아난다를 만나는 것만으로 만족해 하는데, 아난다가 가르침을 설하면 그것을 듣고 더욱 더 마음이 흡족해 한다. 그러나 비구들이여! 아난다가 침묵하면 그들은 만족해 하지 않을 것이니라.

비구들이여! 아난다에게는 이상과 같은 네 가지 특별히 훌륭하고 남달리 뛰어난 장점이 있느니라."

세존께서 이와 같이 말씀하셨을 때, 아난다 존자는 세존께 다음과 같이 사뢰었다.

"세존이시여! 부디 이렇게 쿠시나가라처럼 작은 마을, 외진 시골에서 열반에 드시려는 것은 그만두시옵소서. 이런 작은 시골 마을이 아니더라도 찬파나, 라자가하, 사바티, 사케타, 코삼비, 바라나시 등과 같은 큰 마을이 몇 군데나 있지 않사옵니까?

세존이시여! 이런 큰 마을에서 열반에 드셔야 하지 않겠사옵니까? 그런 큰 마을에는 왕족의 대집회장과 바라문의 대집회장·자산가의 대집회장 등이 있으며, 뿐만 아니라 여래께 깊은 숭경(崇敬)의 생각을 품고 있는 이도 많이 있으므로 여래의 사리(遺骨) 공양도 정성을 다하지 않겠사옵니까?"

"아난다여! 그런 말은 하지 말라. 이 쿠시나가라를 '작은 마을, 외진 시골 마을'이라고 말하지 말라. 지금은 쿠시나가라가 이처럼 작은 마을이지만 옛적에는 그렇지 않았느니라.

마하스다사나왕(大善見王) 이야기

아난다여! 옛날 마하스닷사나라는 이름의 왕이 있었는데, 이 왕이야말로 전륜성왕으로서 혈통이 바르고 법에 맞는 왕이며, 또 사방의 세계를 평정하여 나라를 안정시킬 수 있었고, 전륜성왕을 증명하는 칠보(七寶)도 갖추고 있었다.

그런데 아난다여! 이 마하스닷사나 왕의 도읍지는 쿠사바티라 하여 동서의 길이가 12요자나, 남북의 넓이가 7요자나 되는 큰 마을이었다. 이 쿠시나가라야말로 쿠사바티의 후신(後身)이니라.

아난다여! 이 쿠사바티 도읍은 매우 풍요롭고 번창하였다. 많은 백성을 거느려 거리는 사람들로 붐비고, 또 그만큼 풍부하기도 했다.

예컨대 아난다여! 신들의 아라카만다라는 도읍지는 매우 풍요롭고 번성하여 많은 백성을 거느리고 있었으며, 또 거리가 야차[31]들로 붐비니, 그만큼 풍요하다는 것을 알 수 있었는데, 이 쿠사바티 도읍지도 아난다여! 아라카만다처럼 풍부하고 번성하며, 또 많은 백성을 거느리니 그만큼 풍부했느니라.

아난다여! 이 쿠사바티는 열 가지 음향과 음성, 즉 코끼리 소리, 말 소리, 수레 소리, 큰북 소리, 작은북 소리, 비나[32] 소리, 노랫 소리, 요(鐃) 소리, 징 소리, 그리고 열 번째로 마시고 먹는 소리 등으로 밤낮을 가리지 않았으니 참으로 번화하였다.

아난다여! 이것만으로 쿠시나가라가 결코 단순히 외진 시골 마을이 아님을 이해할 수 있을 것이니라.

쿠시나가라 사람들과의 고별

그리고 아난다여! 너는 이제부터 쿠시나가라 마을로 가, 쿠시나가라의 말라 족 사람들에게 이렇게 알려라. '바세타[33]여! 오늘 밤이 깊어 여래께서는 이 마을의 외곽에서 열반에 드신다네. 그러니 바세타여! 나중에 여래는 실로 우리 마을에서 열반에 드셨는데, 우리들은 그 마지막 때 여래를 뵙지 못하였다고 후회하는 일이 없도록 지금 모여 여래를 만나도록 하자'라고."

"잘 알았사옵니다, 세존이시여!"라고 아난다 존자는 대답하였다. 그리고 가사를 입고 발우를 손에 드시고 서둘러 쿠시나가라 마을로 갔다.

아난다 존자가 마을에 도착했을 때, 쿠시나가라 말라 족은 마침 마을의 일로 집회장에 모여 있었다. 그래서 아난다 존자는 그들의 집회장으로 가, 쿠시나가라 말라 족에게 다음과 같이 알렸다.

"바세타여! 오늘 밤이 깊어 여래께서 이 마을 외곽에서 열반에 드신다네. 그러니 바세타여! 나중에 '여래는 실로 우리 마을에서 열반에 드셨는데, 우리들은 그 마지막 때 여래를 뵙지 못하였다'는 등의 말로 후회하는 일이 없도록 지금 모여 여래를 뵙도록 하여라."

아난다 존자로부터 이러한 말을 들은 말라 족 사람들은 아들·부인·딸들과 함께 가슴이 메이는 깊은 슬픔에 젖었다. 그 갑작스러운 괴로움으로 어떤 이는 머리를 산발하여 통곡하였고, 어떤 이는 팔을 뻗어 슬피 울며, 혹은 어떤 이는 땅에 드러누워 마구 여기저기 뒹굴면서 "아! 세존께서는 무슨 연유로 이리도 급히 열반에 드시나이까? 원만한 이께서는 무슨 까닭에 이리도 급히 열반에 드시나이까? 세상의 눈은 무슨 까닭에 이리도 빨리 모습을 감추시나이까?"라며 여래의 입멸을 비탄해 하였다.

이렇게 가슴 메이는 깊은 슬픔으로 시름하면서 말라 족 사람들은 아들·부인·딸들과 함께 마을 외곽 '여래가 태어난 곳'인 사라 나무 숲으로 가, 한걸음 먼저 돌아온 아난다 존자의 처소로 모였다.

이렇게 모인 사람들의 수가 너무 많기 때문에 아난다 존자는 다음과 같이 생각하였다.

'지금 이곳에 이렇게 모여 있는 쿠시나가라 말라 족은 매우 많다. 만약 그들이 한 사람씩 세존께 고별인사를 드리다 보면 모두가 세존께 인사를 드리지도 못한 채 날이 샐 것이다. 이렇게 되면 곤란할 테니 이 쿠시나가라 말라 족 모두를 세존 앞에 늘어서게 한 뒤 세존이시여! 이런이런 말라 족 사람은 아들·부인·딸·일족(一族)·하인들 모두 함께 세존의 발에 머리를 대고 경례하여 인사올립니다'라 하면서 내가 한 사람씩 소개하도록 하자'라고.

이렇게 해서 아난다 존자는 쿠시나가라 말라 족 사람들 모두를 세존 앞에 정렬(整列)시켜 "세존이시여! 말라 족 사람이 아들·부인·딸·일족·하인들 모두 다 함께 세존의 발에 머리를 대고 경례드리옵니다"라 하고서, 한 명 한 명씩 세존께 소개드리고 예배하게 했다.

이렇게 아난다 존자는 그 밤이 깊어질 때까지 쿠시나가라 말라 족을 총괄하여 세존께 예배드리게 했다.

스밧다의 귀의

그리고 때마침 쿠시나가라 마을에는 스밧다라는 편력행자(遍歷行者)[34]가 머물고 있었는데 편력행자 스밧다는 "오늘 밤이 깊어 사문 고타마가 열반에 들려고 한다"는 말을 들었다. 그래서 편력행자 스밧다는 이렇게 생각하였다.

'나는 나이든 스승 가운데 스승이라고 할 만한 편력행자들이 여래·존경받을 만한 이·바른 깨달음을 얻은 이께서 예전에 이 세상에 출현하셨다고 말하는 것을 들은 적이 있다. 사문 고타마는 바로 그 여래·존경받을 만한 이·바른 깨달음을 얻은 이라고 일컬어지는 인물인데, 그 사문 고타마가 오늘 밤이 깊어 열반에 드실 듯하다. 나에게는 아직 해결하지 못한 문제가 있는데, 나의 믿는 바로는 저 사문 고타마라면 그 의문을 해결해 줄 것이고, 진리를 설명해 줄지도 모른다'라고.

그래서 편력행자 스밧다는 서둘러 '여래가 태어난 곳' 사라 나무 숲으로 왔다. 그리고는 아난다 존자의 처소로 가, 다음과 같이 말했다.

"그대 아난다여! 나는 나이든 스승 가운데 스승이라고 할 만한 편력행자들이 '여래·존경받을 만한 이·바른 깨달음을 얻은 이께서 예전에 이 세상에 출현하셨다'라고 말하는 것을 들은 적이 있소. 그런데 그대 아난다여! 그대의 스승 사문 고타마는 바로 그 여래·존경받을 만한 이·깨달음을 얻은 이라고 하는데, 오늘 밤이 깊어 열반에 드실 듯하다고 들었소. 그래서 그대 아난다여! 나에게는 도저히 해결할 수 없는 문제가 있기 때문에 나의 믿는 바, 그대의 스승 사문 고타마라면 그 문제를 풀어 주고, 진리를 설명해 주지 않을까 하고 생각했소.

그러니 아난다여! 그대의 스승 고타마를 만나게 해주지 않겠소?"

이것에 대해 아난다 존자는 편력행자 스밧다에게 다음과 같이 대답했다.

"스밧다여! 그럴 수 없소. 세존께서는 지금 매우 지쳐 계시오. 부디 여래를 괴롭히는 일은 하지 마오."

두 번 세 번 거듭 편력행자 스밧다는 아난다 존자에게 말하였다.

"그대 아난다여! 나는 나이든 스승 가운데 스승이라 할 만한 편력행자들이 '여래·존경받을 만한 이·바른 깨달음을 얻은 이께서 예전에 이 세상에 출현하셨다'라고 말하는 것을 들은 적이 있소. 그런데 아난다여! 그대의 스승 사문 고타마께서는 바로 그 여래·존경받을 만한 이·바른 깨달음을 얻은 이라고 하는데, 오늘 밤이 깊어 열반에 드실 것 같다는 소리를 들었소. 그래서 그대 아난다여! 나에게는 도저히 해결할 수 없는 문제가 있기 때문에 나의 믿는 바, 그대의 스승 사문 고타마라면 그 의문을 풀어 줄 수 있을 것이고, 진리를 설명해 주지 않을까 하고 생각했소. 그러니 그대 아난다여! 그대의 스승 사문 고타마를 어떻게 만나게 해주지 않겠소?"

그러나 아난다 존자는 세 번째도 편력행자 스밧다에게 다음과 같이 거절하였다.

"스밧다여! 그럴 수 없소. 세존께서는 지금 매우 지쳐 계시오. 제발 여래를 번거롭게 하는 일은 하지 마시오."

편력행자와 아난다 존자가 말다툼하는 것이 세존의 귀에까지 들려왔다. 그러자 세존께서는 아난다 존자에게 말씀하셨다.

"그만두어라, 아난다여! 스밧다를 가로막지 말아라. 스밧

제5장 · 입멸

다를 안으로 들여보내라. 스밧다가 나에게 묻고자 하는 것은 깨달음을 얻으려는 것이지, 나를 번거롭게 하고자 하는 것이 아닐 것이니라. 또 그 의문에 따라 내가 설명하는 것들을 스밧다는 빨리 이해할 것이니라."

그래서 아난다 존자는 편력행자 스밧다에게 말하였다.

"벗, 스밧다여! 그럼 들어가오. 세존의 허락이 있었기 때문이오."

그러자 편력행자 스밧다는 세존이 누워 계시는 곳으로 갔다. 그리고 세존께 절을 올리고 바로 상대방에게 기쁜 마음으로 치하하는 말을 나눈 뒤 한쪽에 앉았다. 자리에 앉은 편력행자 스밧다는 세존께 다음과 같이 사뢰었다.

"그대 고타마여! 세상 가운데는 사문, 바라문으로서 모임이나 교단을 가지거나 혹은 교단의 스승으로 잘 알려지고 명성도 있으며, 교조(敎祖)로 불려지는 매우 존경받고 있는 사람들이 있사옵니다. 예를 들면 푸라나 카사파, 막카리 고살라, 아지타 케사캄발린, 파쿠다 카차야나, 신자야 벨라티풋타, 니간타 나타풋타 등이 있사온데, 이런 이들은 모두 스스로 진리를 깨달았다고 말하고 있지 않사옵니까? 그러니 어느 누구도 깨닫지 못한 것이옵니까? 아니면 그들 가운데 어떤 사람은 깨달았고, 그 밖의 어떤 사람들은 깨닫지 못한 것이옵니까?"

이것에 대해 세존께서 말씀하셨다.

"그만두어라, 스밧다여! 그렇게 '모두 스스로 진리를 깨달았다고 말한다든가, 혹은 누구도 깨닫지 못했다고 한다든가, 아니면 그들 가운데 어떤 이는 깨닫고 그 밖의 어떤 이는 깨닫지 못했다'라고 말하지 말라. 스밧다여! 그와 같은 것을 알아서 무슨 이익이 있겠느냐? 그런 것보다 훨씬 중요한 진리가 있느니라. 그 진리를 스밧다여! 지금부터 너에게 설하고자 하느니라. 그것을 잘 듣고 마음에 새겨 두어라."

"알았사옵니다, 세존이시여! 그렇게 하시옵소서"라고 편력행자 스밧다는 대답하였다.

세존께서는 다음과 같이 말씀하셨다.

"스밧다여! 법(法)과 율(律)을 설한다 해도 그 가운데 여덟 가지 성스러운 길(八聖道)이라는 실천덕목이 보이지 않으면, 그런 가르침을 본당 사문(本當沙門)[35]은 추구할 수 없느니라. 또 제2 사문도 추구할 수 없고 제3 사문(第三沙門)·제4 사문(第四沙門)도 역시 추구할 수 없다. 반대로 스밧다여! 설하는 법(法)과 율(律) 가운데 여덟 가지 성스러운 길이라는 실천덕목을 볼 수 있으면, 그 가르침 가운데에 본당 사문은 추구할 수 있고, 또 제2 사문, 제3 사문, 제4 사문도 추구할 수 있느니라.

그리고 스밧다여! 내가 설한 법과 율에 따라 수행하면, 여덟 가지 성스러운 길이라는 실천덕목을 얻을 수 있으므로, 그곳에는 본당 사문이 있고, 또 제2 사문, 제3 사문, 제4 사문도 있느니라. 스밧다여! 내용이 없는 공허한 논의 따위는 사문에게는 무관한 것이니라.

스밧다여! 비구다운 비구는 이 여덟 가지 성스러운 실천
덕목을 얻어야만 하고, 이리하여 바른 생활을 보내면, 그
들에게는 공허하지 않은 진실한 세계가 나타나고, 그들도
또한 세상에서 존경받을 만한 이가 될 수 있느니라.

나 스물 아홉의 왕성한 젊음에
집을 나와 출가하니 스밧다여!
이유는 오로지 선(善)함을 위함이었네

출가 성취하니 그날로부터
세월은 빨리 지나가네 스밧다여!
50여 년의 세월이

추구하여 노니는 진리의 영역
그것이야말로 진실한 출가의 길
이것을 떠나서는 사문이 아니리.

이것을 떠나서는 스밧다여! 제2 사문도 아니고, 제3 사문, 제4 사문도 아니다. 스밧다여! 내용 없는 공허한 논의 따위는 사문에게는 무관한 것이니라. 스밧다여! 비구다운 이는 이 여덟 가지 성스러운 길이라는 실천덕목을 얻어야만 하고, 이리하여 바른 생활을 보낸다면, 그들에게는 공허하지 않은 진리의 세계가 나타나고, 그들 또한 세상에 존경 받

을 만한 이가 될 수 있느니라."

이와같은 가르침을 받고 스밧다는 세존께 다음과 같이 사뢰었다.

"세존이시여! 참으로 훌륭하시옵니다. 지금 말씀을 듣고 저는 눈에서 비늘이 떨어진 듯한 생각이옵니다.

세존이시여! 세존께서는 마치 넘어진 이를 붙잡아 일으키고, 눈꺼풀 쓴 사람에게 눈꺼풀을 떼어 주듯, 또 길에서 헤매는 사람에게 바른 길을 제시해 주듯, 어둠 속에 있는 사람에게 등불을 밝혀 '눈 있는 자만 보라'고 말하듯, 이 우매한 저에게 여러 가지 이야기를 하시어 진리의 문을 열어 주셨사옵니다.

세존이시여! 지금부터 저는 세존께 귀의하겠사옵니다. 또 가르침과 비구모임에 귀의하겠사옵니다. 세존이시여! 부디 세존의 앞에 출가할 것을 허락하여 주시고 구족계(具足戒)[36)]를 주시옵소서."

"스밧다여! 이전에 다른 종교를 모셨던 사람으로서 나의 법(法)과 율(律)에 출가하여 구족계를 받고자 하는 이는, 4개월 동안 비구들의 관찰을 받으면서 지내야 하느니라. 그리고 4개월 후, 그 동안의 상황을 본 뒤에 뜻 있는 비구들이 그를 출가시켜 구족계를 주어 비구가 되게 하고 있다. 그 동안에 그 사람의 사람됨을 시험하는 것이니라."

"그러한 일이라면 세존이시여! 저는 4개월이 아니라 4년 동안이라도 비구들의 관찰을 받으면서 지내겠사옵니다. 그러니 세존이시여! 4년이 지나면 뜻 있는 비구가 반드시 저를 위해 수고로움을 싫어하지 않고, 출가시켜 구족계를 주어 비구가 되도록 세존께서 말씀하여 주시기 바라옵니다."

이처럼 스밧다의 뜻이 강한 것을 보고 세존께서는 아난다 존자에게 말씀하셨다.

"아난다여! 지금까지 말한 것처럼, 시기가 오면 이 스밧다를 출가시켜 구족계를 주고 비구가 되게 하여라."

"잘 알았사옵니다, 세존이시여!"라고 아난다 존자는 대답하였다.

그러자 편력행자 스밧다는 아난다 존자에게 다음과 같이 말했다.

"그대 아난다여! 고맙소. 덕분에 나는 다행히 큰 스승으로부터 친히 제자(弟子)로서의 관정(灌頂)을 받을 수 있었소."

이리하여 편력행자 스밧다는 세존 앞에서 출가를 허락받고 구족계를 받을 수 있었다.

그리고 구족계를 받은 스밧다 존자는 곧바로 마을에서 떨어진 곳에 홀로 머물면서 게으름을 피우지 않고 열심히 수행하였다. 그 결과 이윽고 훌륭한 집안의 아들들이 바로 그 때문에 집을 나와 가족을 거느리지 않고 출가한 목적인 위없이 청정한 행(行)의 완성에 스스로 눈뜨고 알며 달성하여 지낼 수 있었던 것이다.

즉 스밧다 존자는 "나의 생존 조건은 다했다. 나의 청정한 행(梵行)은 완성되었다. 나의 해야 할 바는 모두 끝냈다. 나는 이제 다시 윤회의 생존으로 돌아가지 않는다"라고 깨달았던 것이다.

이렇게 스밧다 존자는 존경받을 만한 이(阿羅漢)의 한 명이 되었다. 스밧다 존자는 세존의 마지막 직제자(直弟子)가 되었던 것이다.

제6장 다비(茶毘)

마지막 말씀

다시 세존께서는 아난다 존자에게 말씀하셨다.

"아난다여! 내가 입멸한 뒤, 너희들은 다음과 같이 생각할지도 모른다. '이제는 선사(先師)의 말씀만 남아 있지, 우리들의 큰 스승은 이미 이 세상에 계시지 않는다'라고.

그러나 아난다여! 너희들은 이렇게 생각해서는 안 된다. 내가 입멸한 후에는 내가 지금까지 너희들에게 설해 왔던 법(法)과 율(律), 이것이 너희들의 스승이 될 것이니라.

또 아난다여! 비구들은 지금까지 서로 '그대'라는 단어로 불렀지만, 내가 입멸한 후에는 그렇게 해서는 안 되느니라. 아난다여! 장로 비구로서 신참 비구를 부를 때는 이름이나 성, 혹은 '그대'라는 말을 써도 좋다. 그러나 신참 비구로서 장로 비구를 부를 때에는 '대덕(大德)'이나 '존자(尊者)'라는 말을 쓰도록 하여라.

또 아난다여! 필요하다면 비구들이 배워야만 하는 조항 가운데 세세한 것, 사소한 항목(小小戒)은 비구모임에서 의논하여 취소해도 좋으리라.

또 아난다여! 찬나 비구에 대해서는 내가 입멸한 다음, '말하지 않는 벌(梵檀法)'을 가하여 줌이 좋으리라."

"세존이시여! 그 말하지 않는 벌이란 어떠한 것입니까?"

"아난다여! 그것은 이러한 것이니라. 찬나 비구에게는 말하고 싶은 것은 무엇이든지 말하도록 내버려 두되, 다른 비구나 비구니들쪽에서는 말을 걸거나 질책하거나, 더구나 가르친다든지 하는 따위를 일절 하지 말아라. 이것이 '말하지 않는 벌'이라는 것이니라."

다시 세존께서는 비구들에게 말씀하셨다.

"비구들이여! 만약 너희들 가운데 부처님과 그 가르침·승가에 대해, 혹은 수행의 길이나 방법 등에 대해 의혹이나 의문이 있는 이가 있다면, 무엇이라도 물어라. 내가 입멸한 다음에, '아! 한때 세존께서는 눈앞에 계셔서, 우리들은 직접 물으면서 의문을 해결할 수 있었는데……' 이렇게 후회하는 일이 없도록 하여라."

세존께서 이렇게 말씀하셨는데도, 비구들은 침묵하며 누구 한 사람도 의문을 제기하는 이가 없었다.

두 번 세 번 세존께서는 비구들에게 말씀하셨다.

"비구들이여! 만약 너희들 가운데 부처님과 그 가르침·승가에 대해, 혹은 수행의 길과 방법 등에 대해 의혹이나 의문이 있는 이가 있다면, 무엇이라도 물어라. 내가 입멸한 다음에, '아! 한때 세존께서는 눈앞에 계셨으므로 우리들은 직접 물으면서 의문을 해결할 수 있었다' 이렇게 후회하는 일이 없도록 하여라."

그러나 세 번째도 비구들은 침묵하며 누구 한 사람도 의문을 제기하는 이가 없었다.

그러자 세존께서는 비구들에게 말씀하셨다.

"비구들이여! 만약 너희들이 큰 스승을 어려워한 나머지 질문을 할 수 없다고 한다면, 비구들이여! 동료나 벗을 위해 대신 질문하여라."

이렇게 말씀하셨는데도 비구들은 침묵하며 누구 한 사람도 질문을 제기하는 이가 없었다.

그러자 아난다 존자는 세존께 다음과 같이 사뢰었다.

"세존이시여! 참으로 불가사의한 일이옵니다. 참으로 훌륭한 일이옵니다. 제가 믿는 바로는 지금 비구모임 가운데는 부처님과 그 가르침·승가에 대해, 혹은 수행의 길이나 방법에 대해 의혹이나 의문이 있는 비구는 한 명도 없사옵니다. 참으로 훌륭한 일이옵니다."

이것에 대해 세존께서는 말씀하셨다.

"아난다여! 너는 숭경(崇敬)하는 생각으로 그렇게 말하는 것이리라. 그러나 여래의 지혜로운 눈에도, '이 비구모임 가운데서는 부처님과 그 가르침·승가에 대해, 혹은 수행의 길이나 방법 등에 대해 의혹이나 의문이 있는 비구는 한 명도 없다'고 하는 사실을 알게 되었느니라. 아난다여! 이들 5백 명의 비구들은 최후의 한 사람까지 성자(聖者)가 되어, 나쁜 세계에 떨어지지 않고 반드시 바른 깨달음을 얻을 것이 확실할 정도로 모두 수행이 진전되어 있느니라."

이리하여 세존께서는 이제 비구모임 가운데는 부처님과 그 가르침 그리고 승가에 대해, 혹은 수행의 길이나 방법에 대해 의혹이나 의문이 있는 이가 한 명도 없다는 사실을 확인하신 다음 비구들에게 말씀하셨다.

"그럼 비구들이여! 이제 나는 너희들에게 알리겠노라. '만들어진 것은 모두 변해 가는 것이니라. 게으름 피우지 말고 열심히 정진하여 너희들의 수행을 완성하여라."

이것이 여래께서 이 세상에 남기신 최후의 말씀이었다.

석존의 입멸

이리하여 세존께서는 정신통일을 하시니, '최초의 선정(初禪)'에 드셨다. 그리고 '최초의 선정'을 지나 '제2의 선정(二禪)'에 드셨다. 그리고 '제2의 선정'을 지나 '제3의 선정(三禪)'에 드셨다. 다시 '제3의 선정'을 지나 '제4의 선정(四禪)'에 드셨다. 다시 '제4의 선정'을 지나 '허공의 가이없는 곳(空無邊處)'이라는 정신통일의 경지에 드셨다. '허공의 가이없는 곳'이라는 정신통일의 경지를 지나 다시 '의식의 가이없는 곳(識無邊處)'이라는 정신통일의 경지에 드셨다. 다시 '의식의 가이없는 곳'이라는 정신통일의 경지를 지나 '일체 가질 바 없는 곳(無所有處)'이라는 정신통일의 경지에 드셨다.

다시 '일체 가질 바 없는 곳'이라는 정신통일의 경지를 지나 '의식도 없고 의식하지 않는 것도 없는 곳(非想非非想處)'이라는 정신통일의 경지에 드셨다. 그리고 '의식도 없고 의식하지 않는 것도 없는 곳'이라는 정신통일의 경지를 지나 선정의 궁극적인 경지인 '의식도 감각도 모두 멸한 곳(想受滅)'이라는 정신통일의 경지에 드셨다.

이 선정의 경지에 드시어 조금도 움직이지 않으시는 세존을 보고, 아난다 존자는 아누룻다 존자에게 말했다.

"아누룻다 대덕이시여! 세존께서 열반에 드셨나이다."

이것에 대해 아누룻다 존자는 대답하였다.

"아니네, 그대 아난다여! 세존께서는 아직 열반에 드실 리가 없네. 지금은 '의식도 감각도 다 멸한 곳'이라는 정신통일의 경지에 들어 계신다네."

다시 세존께서는 이렇듯 '의식도 감각도 다 멸한 곳'이라는 정신통일의 경지에 잠시 머문 다음, 그 선정을 지나시어 '의식도 없고 의식 아닌 것도 없는 곳'이라는 정신통일의 경지에 드셨다.

이번에는 앞과는 반대로 '의식도 없고 의식하지 않는 것도 없는 곳'이라는 정신통일의 경지를 지나시어 '일체 가질 바가 없는 곳'이라는 정신통일에 드시고, '일체 가질 바가 없는 곳'이라는 정신통일의 경지를 지나시어, '의식의 가이 없는 곳'이라는 정신통일의 경지에 드셨다.

다시 '의식의 가이없는 곳'이라는 정신통일의 경지를 지나시고 '허공의 가이없는 곳'이라는 정신통일의 경지를 지나시어 '제4의 선정'에 드셨다.

다시 '제4의 선정'을 지나시어 '제3의 선정'에 드시고 '제3의 선정'을 지나시어 '제2의 선정'에 드셨다.

다시 '제2의 선정'을 지나시어 '최초의 선정'으로 되돌아 오셨다.

이렇게 '최초의 선정'으로 되돌아오신 세존께서는 재차 이 선정을 지나시어 '제2의 선정'에 드셨다. 그리고 '제2의 선정'을 지나시어 '제3의 선정'에, 거듭 '제3의 선정'을 지나시어 '제4의 선정'에 드셨는데, 이 '제4의 선정'을 지나실 무렵에 세존께서는 열반에 드셨던 것이다.

이와 같이 하여 세존께서 열반에 드시니, 그때 대지진이 일어나고 하늘의 북이 찢어질 정도로 울려퍼졌다. 그 모습은 매우 두려워 털끝이 곤두설 정도였다.

세존께서 열반에 드시니 때를 같이하여 사바세계의 주인인 범천은 다음과 같은 시를 노래했다.

이 세상에 태어남을 받으시어
그 몸 다하는 정(定)에 드시니

세상에 비할 수 없는 힘있고
정각 얻으신 큰 스승 여래께서는
스스로 증득한 진리 위해
영원한 열반에 드시는구나.

또 세존께서 열반에 드시니, 때를 같이하여 아누룻다 존자는 다음과 같은 시를 노래했다.

뜻 고매한 마음 요동 없이
비할 수 없는 성자의 숨은 지고
마음 고요하여 혼란하지 않게
무니(牟尼)께서 마지막 때를 갈무리하시니

미혹 떠난 마음으로
참으면서 받는 괴로움도 이제는 없고
등불 사라져 가듯
심해탈하네 열반으로.

또 세존께서 열반에 드시니, 때를 같이하여 아난다 존자는 다음과 같은 시구를 노래하였다.

그때 어쩐지 두려워
털끝이 곤두섰는데,

만덕(萬德) 구족한 정각자의
몸이 열반하는 때였네.

　이와 같이 세존께서 열반에 드시니 아직 욕심을 완전히 떠나지 못한 비구들 가운데 어떤 이는 팔을 뻗고 슬피 울고, 또 어떤 이는 땅에 드러누워 마구 여기저기 뒹굴면서 "아! 세존께서는 무슨 까닭에 이리도 급히 열반에 드시나이까? 원만한 분께서는 무슨 연유로 이리도 급히 열반에 드시나이까? 세상의 눈은 무슨 까닭에 이리도 빨리 모습을 감추시려 하시는 것이옵니까?"라고 비탄해 했다.

　이것과 달리 욕심을 떠난 비구들은 "세상의 모든 행위(작용)는 모두 무상한 것이다. 변해 가는 것을 어찌 머물도록 하겠는가?"라고 바르게 사념하고 바르게 의식을 보전하여 지그시 슬픔을 참고 있었다.

　때에 아누룻다 존자는 비구들에게 말했다.

　"그만두시오, 여러분! 비탄해 하지 마시오. 세존께서는 항상 말씀하시지 않았습니까? '아무리 사랑하고 마음에 맞는 이도 마침내는 달라지는 상태, 별리(別離)의 상태, 변화의 상태가 찾아오는 것이다. 그것을 어찌 피할 수 있겠는가? 이 세상의 모든 것은 생(生)하고 만들어지고 무너져 가는 것, 그 무너져 가는 것에 대해, 아무리 무너지지 말라고 해도 그것은 순리에 맞지 않는 것이니라'라고.

　여러분! 세존의 몸도 그것은 마찬가지인 것이오. 여러분!

이와 같이 우리가 모든 자리를 차지하고 있기 때문에 신(神)들이 기분상해 하고 있지 않소."

아누룻다 존자가 이와 같이 타이르니, 아난다 존자는 말하였다.

"대덕이시여! 미숙한 저의 눈으로는 신들의 모습을 볼 수 없사온데, 아누룻다 존자께서는 신들을 어떻게 보시옵니까?"

"그대 아난다여! 허공에 있는 신들은 대지를 생각하면서 머리를 산발하여 통곡하고, 팔을 뻗고 슬피 울며, 혹은 땅에 드러누워 마구 여기저기 뒹굴면서 '아! 세존께서는 무슨 까닭으로 이리도 급히 열반에 드시나이까? 원만한 이께서는 무슨 연유로 이리도 급히 열반에 드시나이까? 세상의 눈은 무슨 까닭에 이리도 빨리 모습을 감추려 하시나이까?'라고 비탄해 하고 있소.

그대 아난다여! 다만 욕심을 떠난 신들은 '세상의 모든 행위(작용)는 모두 영원하지 않은 것이다. 변해 가는 것을 어찌 머물도록 하겠는가'라고 바르게 사념하고 바르게 의식을 보전하여 지그시 슬픔을 참고 있소."

그리고 그날 밤, 아누룻다 존자와 아난다 존자는 날이 밝을 때까지 여러 가지 가르침에 대한 이야기를 하면서 시간을 보냈다. 이리하여 날이 밝자 아누룻다 존자는 아난다 존자에게 말하였다.

"이제 그대 아난다여! 그대는 지금부터 쿠시나가라 마을로 가, 쿠시나가라의 말라 족에게 '바세타여! 세존께서는 어젯밤 늦게 열반에 드셨다. 때를 헤아려 고별하여라'라고 말해 주오."

"잘 알았습니다, 대덕이시여!"라고 아난다 존자는 아누룻다 존자에게 대답하고, 그날 점심 때가 되기 전에 가사를 입고 발우를 손에 드시고, 쿠시나가라 마을로 갔다.

때마침 쿠시나가라의 말라 족은 일족(一族)의 일 때문에 집회장에 모여 있었다. 그래서 아난다 존자는 그 집회장으로 가 그곳에 모여 있는 쿠시나가라의 말라 족에게 말하였다.

"바세타여! 세존께서는 어젯밤 늦게 열반에 드셨소. 때를 헤아려 고별하시오."

아난다 존자로부터 이와같은 통보를 받은 말라 족 사람들은 그의 아들·부인·딸과 함께 모두 똑같이 깊은 슬픔에 젖어 가슴 답답해 했다. 그리고 어떤 이는 슬픔과 마음의 고통으로 머리를 산발하여 통곡하고, 팔을 뻗어 슬피 울며, 혹은 땅에 드러누워 마구 여기저기 뒹굴면서 '아! 세존께서는 무슨 까닭에 이리도 급히 열반에 드시나이까? 원만한 분께서는 무슨 연유로 이리도 급히 열반에 드시나이까? 세상의 눈은 무슨 까닭에 이리도 빨리 모습을 감추려 하시나이까?'라고 비탄해 했다.

석존의 다비(화장)

　겨우 기운을 되찾은 쿠시나가라의 말라 족은 하인들에게 분부하였다.
　"여봐라, 너희들은 이러하니, 쿠시나가라 안에 있는 향과 꽃다발, 그리고 모든 악기를 서둘러 모아 오너라."
　그리고 그것들이 모이자, 쿠시나가라의 말라 족은 모든 향과 꽃다발, 모든 악기 그리고 5백 필의 베를 가지고, 교외(郊外)의 '여래가 태어난 곳'인 사라 나무 숲으로 급히 갔다.
　그리고 사라 나무 숲에 도착하여 곧바로 세존의 유해가 안치된 곳으로 가 음악과 춤・꽃다발・향 등으로 경애, 존경, 숭배하고 공양 올렸다. 또 베로 몇 겹의 천막을 만들거나 만막(幔幕)을 몇 겹으로 둘러쳤다. 이와 같이 하면서 그 날을 보냈다.
　한편 이렇게 준비가 끝나자, 쿠시나가라의 말라 족은 생각하였다.
　'세존의 유해를 바로 오늘 다비하는 것은 그다지 때에 맞지 않다. 세존의 유해를 다비하는 일은 내일 하도록 하자.'
　다음날 쿠시나가라의 말라 족은 또 어제와 마찬가지로 세존의 유해를 음악과 춤・꽃・향 등으로 경애, 존경, 숭배하며 공양 올렸는데, 그렇게 하는 동안에 그날도 또 저물었다. 이와 같이 하여 2일, 3일이 지나 마침내 6일이 경과했다.

7일째 낮에 쿠시나가라의 말라 족은 다음과 같이 생각하였다.

  '우리들은 이제부터 세존의 유해를 음악과 춤·꽃·향으로 경애, 존경, 숭배하고 공양 올리면서 남쪽 길을 지나 마을 남쪽으로 운반하여, 그곳에서 세존의 유해를 다비(茶毘)하리라'라고.

  그리고 8명의 말라 족 지도자가 머리에 물을 부어 몸을 깨끗이 하고 새 옷을 몸에 걸치고, '자! 세존의 유해를 메자'라고 말하면서 들어올렸는데, 무슨 까닭인지 들어올릴 수 없었다.

  그러자 쿠시나가라의 말라 족은 아누룻다 존자에게 그 까닭을 물었다.

  "대덕이시여! 저 8명의 말라 족 지도자는 머리에 물을 부어 몸을 깨끗이 하고 새 옷을 몸에 걸치고, '자! 세존의 유해를 메자'라고 말하면서 들어올렸는데도 들어올릴 수 없었나이다. 도대체 무슨 연유입니까?"

  이것에 대해 아누룻다 존자는 대답하였다.

  "바세타여! 그것은 당신들이 하고 있는 것이 신들의 의향에 맞지 않기 때문이네."

  "그럼 대덕이시여! 신들의 의향은 어떤 것이옵니까?"

  "바세타여! 당신들은 '우리들은 세존의 유해를 음악과 무용과 꽃·향으로 경애, 존경, 숭배하고 공양하면서 남쪽 길을 지나 마을 남쪽에 운반하여 그곳에서 세존의 유해를 다비하자'라고 생각하고 있지만, 신들의 뜻은 '세존의 유해를 하늘의 음악과 춤·꽃·향으로 경애, 존경, 숭배하고 공양하면서 북쪽 길을 지나 마을 북쪽에 운반하여 북문(北門)에서 마을로 들어와 마을 중앙까지 가자. 이렇게 마을 중앙까지 가면, 왼쪽으로 돌아 동문(東門)에서 마을 밖으로 나가, 마을 동쪽 변두리에 있는 마쿠타 반다나라는 말라 족의 영지로 가, 그곳에서 세존의 유해를 다비하자'라고 하는 것이오."

"알았사옵니다, 대덕이시여! 그럼 우리들은 신들의 뜻대로 거행하도록 하겠사옵니다."

쿠시나가라의 말라 족이 이와 같이 신들의 뜻을 좇는 취지를 발표했을 때, 쿠시나가라 마을은 하늘에서 피는 만다라바 꽃으로 성벽의 틈이나 도랑, 쓰레기장 등 주변 일대에 온통 남김없이 덮였다. 게다가 그 높이는 무릎을 덮을 정도였다.

이렇게 신들과 쿠시나가라의 말라 족은 세존의 유해를 천상과 인간 쌍방의 음악과 춤·꽃·향으로 경애, 존중, 숭배하고 공양 올리면서 북쪽 길을 지나 마을 북쪽으로 운반하여 북문(北門)에서 마을로 들어가 마을 중앙까지 갔다. 이렇게 마을 중앙까지 가서 그들은 그곳에서 왼쪽으로 돌아 동문(東門)에서 마을 밖으로 나와 마을 동쪽 외곽에 있는 마쿠타 반다나라는 말라 족의 영지로 가, 그곳에서 세존의 유해를 안치했다.

그리고 이렇게 세존의 유해를 안치하고서, 쿠시나가라의 말라 족은 아난다 존자에게 말하였다.

"아난다 대덕이시여! 여래의 장례식은 어떻게 치르면 좋겠사옵니까?"

그러자 아난다 존자는 대답하였다.

"바세타여! 여래의 장례식은 전륜성왕의 장례식처럼 거행하는 것으로 되어 있소."

"그럼 아난다 대덕이시여! 전륜성왕의 장례식은 어떻게 거행하는 것이옵니까?"

"바세타여! 전륜성왕의 장례식은 다음과 같이 거행하는 것이오. 우선 왕의 유해는 새 옷으로 감싸고 그것을 다시 새 무명베로 감싸는 것이오. 그리고 그 위를 또 새 옷으로 감싸고 다시 그것을 새 무명베로 감싸오. 이렇게 새 옷과 새 무명베로 바꾸어 가면서 5백 번씩 감싼 다음, 전륜성왕의 유해는 철로 만든 관에 봉안하오. 그리고 다른 철관으로 뚜껑을 덮은 다음 온갖 종류의 향목(香木)을 쌓아 올려 만든 화장 나무더미 위에 안치하고, 그 위에서 다비를 하는 것이오. 다비가 끝나면 큰 길이 교차하는 사거리 중앙에 전륜성왕을 기념하는 탑을 건립하오. 바세타여! 전륜성왕의 장례식은 이상과 같이 거행하오.

바세타여! 여래의 장례식도 이상과 같은 전륜성왕의 장례식과 똑같이 거행하면 되오. 또 장례식이 끝나면 큰 길이 교차하는 사거리 중앙에 여래를 기념할 만한 탑을 건립해야만 하오. 이와 같이 말하는 것은 바세타여! 그 탑에 꽃과 향·말향(抹香) 등을 공양 올리면서 손을 모으거나 마음을 맑게 하는 이는 이후 오랜 동안 이익과 안락함을 얻을 수 있기 때문이오. 바세타여! 여래의 탑에는 이와같은 공덕이 있는 것이오."

그러자 쿠시나가라의 말라 족은 하인에게 분부하였다.

"여봐라, 너희들은 이러한 말씀이 있사온즉, 일족(一族)이 있는 곳에 가, 서둘러 새 무명베를 모아 오너라."

이렇게 베를 준비한 쿠시나가라의 말라 족은, 아난다 존자의 말씀대로 세존의 유해를 새 옷으로 감싸고 그것을 또 새 무명베로 감쌌다. 그리고 그 위를 또 새 옷으로 감싸고, 다시 그것을 새 무명베로 감쌌다.

이와 같이 새 옷과 새 무명베를 교대로 5백 번 감싼 다음, 세존의 유해는 철로 만든 관에 봉안하였다. 그리고 다른 철관으로 뚜껑을 덮은 다음, 온갖 종류의 향목을 쌓아 올려 만든 화장 나무더미 위에 안치하였다.

제자들의 슬픔

쿠시나가라에서 이와같은 다비 행사가 행해지고 있을 무렵, 마하카사파(摩訶迦葉) 존자는 5백 명의 비구들과 함께 세존의 여로(旅路)를 따라 파바 마을에서 쿠시나가라로 가다가 때마침 길을 벗어나 어느 나무 아래에 앉아 쉬고 있었다.

그때 마침 쿠시나가라 마을 쪽에서 아지바카 교도(外道)[37] 한 사람이 손에 만다라바 꽃을 들고 파바 마을로 향해 오고 있었다.

마하카사파 존자는 이 아지바카 교도가 멀리서부터 오고 있는 것을 알고 가까이 오기를 기다려 그를 불렀다.

"혹시 벗이여! 당신은 우리 스승인 사문 고마타의 소식을 알고 계시오?"

"확실히 사문 고타마라면 알고 있지요. 여러분들의 스승 사문 고타마는 열반에 드신 지 오늘로 이레째 되오. 이 만다라바 꽃은 그때 하늘에서 떨어진 것이오."

세존의 입멸 소식을 들은 비구들은 모두 하나같이 깊은 슬픔에 젖었다. 그리고 아직 욕심을 완전히 떨쳐버리지 못한 비구들은 팔을 뻗고 슬피 울며, 또 어떤 이는 땅에 드러누워 마구 여기저기 뒹굴면서 비탄해 했다.

이것과는 달리 욕심을 떠난 비구들은 "세상의 모든 행위(작용)는 영원하지 않는 것이다. 변해 가는 것을 어찌 머물게 할 수 있겠는가?"라면서 바르게 사념하고 바르게 의식을 보전하여 지그시 슬픔을 참고 있었다.

그리고 그때 일행(一行) 가운데 늦게 출가한 스밧다라는 비구가 있었는데, 그 한 명만은 그다지 슬픔의 기색을 보이지 않았다. 그 노년 출가자 스밧다는 비탄해 하는 비구들에게 다음과 같이 말했다.

"그만두시오, 여러분! 그렇게 울면서 슬퍼할 것 없소. 저 대사문은 지금까지 '이것은 해야만 한다, 저것은 하지 말아야 한다'라고 잔소리가 매우 심했소. 그러나 이제부터 우리들은 자신이 하고 싶은 것은 할 수 있고, 하기 싫은 것은 하지 않을 수 있소. 당연히 매우 기뻐해야만 할 일이 아니겠소."

이 스밧다의 폭언에 마하카사파 존자는 내심으로는 대단히 불쾌하게 느꼈지만, 그것을 제어하면서 비구들에게 말하였다.

"그만두시오, 여러분! 비탄해 하지 마시오. 세존께서는 항상 말씀하지 않으셨던가? '아무리 사랑하고 마음에 맞는 이라도 마침내는 달라지는 상태, 별리의 상태, 변화의 상태가 찾아오는 것이다. 그것을 어찌 피할 수 있겠는가? 이 세상의 모든 것은 태어나고 만들어지고 무너져 가는 것, 그 무너져 가는 것을 붙잡고 무너지지 말라고 만류한다 해도, 그것은 도리에 맞지 않는 것이다'라고.

여러분! 세존의 육신도 그것은 마찬가지인 것이오."

한편 그 무렵 쿠시나가라 마을 외곽의 마쿠타 반다나 영지에서는 말라 족의 지도자 네 명이 머리에 물을 부어 몸을 깨끗이 하고 새 옷을 몸에 걸치고 모든 준비를 끝내고 "자! 화장 나무에 불을 붙이자"라고 말하면서 화장 나무에 불을 붙였지만, 무슨 까닭인지 도무지 불을 붙일 수 없었다.

그래서 쿠시나가라의 말라 족은 아누룻다 존자에게 다음과 같이 이유를 물었다.

"아누룻다 대덕이시여! 저 네 명의 말라 족 지도자들은 머리에 물을 부어 몸을 깨끗이 하는 등 모든 준비를 끝낸 뒤 '자! 화장 나무에 불을 붙이자'라고 법식대로 했지만, 화장 나무에 불을 붙일 수 없었나이다. 도대체 무슨 원인, 어떤 이유로 불을 붙일 수 없나이까?"

이것에 대해 아누룻다 존자는 대답하였다.

"그것은 바세타여! 신들의 뜻과 맞지 않기 때문이다."

"대덕이시여! 그러면 신들의 뜻은 도대체 무엇이옵니까?"

"바세타여! 신들은 '지금 마하카사파 존자가 5백 명의 비구들과 함께 파바 마을에서 쿠시나가라 마을로 오고 있다. 그러니 마하카사파 존자가 이곳에 도착하여 세존의 발에 머리를 대고 예배할 때까지는 화장 나무에 불을 붙이지 말자'라고 생각하고 있느니라."

"알았나이다, 대덕이시여! 그러면 그와 같은 신들의 뜻에 따라 마하카사파 존자가 도착할 때까지 불 붙이기를 기다리겠나이다."

그렇게 하고 있는 동안 마하카사파 존자가 5백 명의 비구들과 함께 쿠시나가라에 도착하였다. 마하카사파 존자는 쿠시나가라에 도착하자마자 곧바로 말라 족의 마쿠타 반다나 영지로 왔다. 그리고 세존의 유해를 안치해 놓은 화장 나무가 있는 곳에 와서, 옷을 왼쪽 어깨에 걸치고 합장하고 화장 나무 주위를 오른쪽으로 세 번 도는 예를 표하면서 세존의 발에 머리를 대고 예배하였다.

　이렇게 마하카사파 존자와 5백 명의 비구들이 모두 세존의 유해에 예배하니, 세존의 유해를 안치한 화장 나무는 저절로 불이 피어나 타올랐다.

　이렇게 세존의 유해를 다비했는데, 불가사의한 일은 유해의 겉살·속살·근육·힘줄·관절즙이 모두 재나 그을음도 남기지 않은 채 완전하게 타버리고 단지 유골만 남았던 것이다. 마치 버터나 참기름이 타고 난 다음 재나 그을음이 남지 않는 것처럼, 세존의 유해를 다비했을 때도 겉살·속살·근육·힘줄·관절즙 등이 재나 그을음도 남기지 않은 채 완전히 타버리고 오로지 유골만 남았던 것이다.

　이렇게 해서 세존의 유해가 뼈만 남긴 채 모두 타버리자, 하늘에서 비가 내리고 또 땅바닥에서는 물을 뿜어 올려 세존의 유해를 안치했던 화장 나무의 불을 껐다.

　또 쿠시나가라의 말라 족도 여러 가지 향수(香水)를 뿌려서 불끄는 것을 도왔다.

　다비가 끝나자 쿠시나가라의 말라 족은 세존의 유골을 집회장으로 옮겼다. 그리고 그 주변을 창으로 임시 울타리를 만들어 둘러싸고, 또 성채를 온통 화살로 꽂았다. 이렇게 한 쿠시나가라의 말라 족은 세존의 유골(사리)을 이레 동안 음악과 춤·꽃·향 등으로 경애, 존경, 숭배하면서 계속하여 공양 올렸다.

사리의 분배

마가다 국왕 아자타삿투(아사세)는 '세존께서 쿠시나가라에서 열반에 드셨다'는 소식을 듣고 쿠시나가라의 말라 족에게 사신을 파견하여 다음과 같이 제의하였다.

"전해 들은 바대로라면, 세존께서는 성스러운 땅 쿠시나가라에서 열반에 드셨소. 그런데 세존께서는 왕족 출신이었고, 우리들도 또한 왕족이오. 그러므로 같은 왕족으로서 우리들은 세존의 사리 분배에 참석할 만한 권리가 있다고 믿소. 게다가 우리는 세존의 사리탑을 건립하여 공양 올릴 장소가 있으므로 부디 세존의 유골을 나누어 주기 바라오."

또 베살리의 리차비 족도 '세존께서 쿠시나가라에서 열반에 드셨다'는 소식을 들었다. 그러자 베살리의 리차비 족도 쿠시나가라의 말라 족에게 사신을 파견하여 마찬가지로 제의했다.

즉 "전해 들은 바에 의하면, 세존께서는 성스러운 땅 쿠시나가라에서 열반에 드셨소. 그런데 세존께서는 왕족 출신이었고 우리들도 또한 왕족이오. 그러므로 같은 왕족으로서 우리들은 세존의 사리 분배에 참여할 권리가 있다고 믿소. 게다가 우리들은 세존의 사리탑을 세워 공양을 올릴 장소가 있으니, 부디 세존의 사리를 나누어 주기 바라오"라고.

또 카필라바스투의 샤카 족도, "세존께서 쿠시나가라에서 열반에 드셨다'는 소식을 듣고 사신을 파견하여 마찬가지로 제의하였다.

또 알라카파의 부리 족도 '세존께서 쿠시나가라에서 열반에 드셨다'는 소식을 듣고 사신을 파견하여 마찬가지로 제의하였다.

또 라마 마을의 콜리야족도 '세존께서 쿠시나가라에서 열반에 드셨다'는 소식을 듣고 쿠시나가라의 말라 족에게 사신을 파견하여 마찬가지로 제의하였다.

또 베타디파에 있는 바라문도 '세존께서 쿠시나가라에서 열반에 드셨다'라는 소식을 듣고 쿠시나가라의 말라 족에게 사신을 파견하여 마찬가지로 제의하였다.

또 파바의 말라 족도 '세존께서 쿠시나가라에서 열반에 드셨다'라는 소식을 듣고 쿠시나가라의 말라 족에게 사신을 파견하여 마찬가지로 제의하였다.

이와 같이 세존의 사리를 분배해 줄 것을 제의해 온 각 나라 사신단에게, 쿠시나가라의 말라 족은 다음과 같이 말하면서 그들의 제의를 거절하였다.

"당신들은 여러 가지 이유를 들어 세존의 사리를 분배해 달라고 했지만, 세존께서는 우리들의 마을 영역 안에서 열반에 드셨던 것이오. 따라서 우리는 당신들의 요구에 응할 의무가 없다고 믿소"라고.

이와 같이 쿠시나가라의 말라 족이 각 나라 사신단의 제의를 거부하자, 주변은 갑자기 험악한 분위기로 감돌았다. 그러자 그 분위기를 알아차린 도나라는 바라문이 그들을 화해시키고자 다음과 같이 말했다.

그대들이여!
나의 제언(提言)에 귀를 기울이시오.
부처님께서는 인내를 설하시었는데
사람이라면 위없는 분의 사리,
그것을 둘러싸고 분쟁을 하다니,
이 어찌 잘 한다 말할 수 있으리오

그대들이여 모두 의좋게
여덟 등분하여 서로 나누어
각자 하나를 가진다면 좋으리

각 지방에 탑을 세운다면
깨끗한 신심(信心) 눈 갖춘(부처님) 이는
세상에 가득하리.

그러자 사람들은 이 제안을 받아들이기로 하고 다음과 같이 말했다.
"바라문이여! 당신이 말한 것은 최선책이오. 우리들은 당신의 의견을 따르겠소. 바라문이여! 수고스럽지만 당신이 세존의 사리를 균등하게 여덟 등분하여 주지 않겠소?"

"잘 알았소, 그대들이여!"라고 도나 바라문은 대답하였다. 그리고 세존의 사리를 균등하게 여덟 등분으로 나누어 모두에게 주었다. 이렇게 세존의 유골 분배가 끝나자 도나 바라문은 모두에게 말했다.

"여러분! 이 항아리는 저를 주시오. 이 항아리로 나도 탑을 세워 공양을 올리고자 하오."

그는 항아리를 가질 수 있었다.

그런데 조금 늦게 핍팔리바나의 모리야 족도 '세존께서 쿠시나가라에서 열반에 드셨다'는 소식을 듣고, 쿠시나가라의 말라 족에게 사신을 파견하여 마찬가지로 세존의 사리를 분배해 주도록 요청했다.

그러나 그 사신이 도착했을 때에는 이미 세존의 사리를 분배한 다음이었다.

"애써서 왔지만 세존의 유골을 이미 분배해 버린 뒤라 전혀 남아 있지 않소. 단지 다비할 때의 재가 남아 있으니, 괜찮다면 가져가시오."

핍팔리바나의 모리야 족 사신은 어쩔수없이 재만 가지고 돌아갔다.

부처님은 영원히

 이렇게 사리 일부를 얻은 마가다 국왕 아자타삿투는 라자가하에 세존의 사리탑을 세워서 공양을 올렸다.
 또 베살리의 리차비 족도 세존의 사리를 얻어, 베살리에 세존의 사리탑을 세워 공양을 올렸다.
 또 카필라바스투의 샤카 족도 세존의 사리 일부를 얻어 카필라바스투에 세존의 사리탑을 세워 공양을 올렸다.
 또 알라카파의 부리 족도 세존의 사리 일부를 얻어 알라카파에 세존의 사리탑을 세워 공양을 올렸다.
 또 라마 마을의 콜리야 족도 세존의 사리 일부를 얻어 라마 마을에 세존의 사리탑을 세워 공양을 올렸다.
 또 베타디파의 한 바라문도 세존의 사리 일부를 얻어 베타디파에 세존의 사리탑을 세워 공양을 올렸다.
 또 파바의 말라 족도 세존의 사리 일부를 얻어 파바에 세존의 사리탑을 세워 공양을 올렸다.
 또 쿠시나가라의 말라 족도 세존의 사리 일부로써 쿠시나가라에 세존의 사리탑을 세워 공양을 올렸다.
 또 도나 바라문도 세존의 사리를 넣었던 항아리를 얻어 탑을 세워 공양을 올렸다.
 또 핍팔리바나의 모리야 족도 세존의 유해를 다비한 재를 얻어 핍팔리바나에 탑을 세워 공양을 올렸다.

이리하여 이 세계에는 여덟 개의 사리탑과 아홉째의 항아리 탑, 또 열째의 재탑(灰塔)을 합해 모두 열 개의 탑이 세워진 것이다.

　여덟 말의 부처님 사리 가운데
　일곱 말은 인도 각지에 모시고
　남은 사리 한 말은 라마 마을 용왕이
　마음을 모아 모시는구나

　네 개의 치아(齒牙) 가운데 하나는
　도리천에 공양 올리고
　하나는 간다라푸라에게 있고
　카링가 왕도 하나를 얻으니
　남은 하나는 용왕과
　나누어 각각 모시는구나

　사리와 치아 비할 바 없이 위광(威光) 서리니
　위없는 선물 그것으로 장엄된 이 대지
　이와 같이 소중하리
　착한 사람에게 불사리(佛舍利) 주어
　공경하는 그 모습은

　천제(天帝)・용왕・제왕(帝王)은

수승한 이에게도 공양하지만
그것에 못지않게 공양하고
지심(至心)으로 합장 귀명하여라
실로 백 겁의 시간이 지난다 해도
만나기 어려운 부처님이라면.

성구경
(聖求經)

성 구 경 (聖求經)

랑마카의 초암(草庵)에서

이와 같이 나는 들었다.

어느 날 세존께서 사밧티(사위성) 외곽에 있는 제타 숲의 아나타핀디카 동산(祇園)에 머물고 계셨다.

그때 세존은 아침 일찍 의발을 갖추시고 사밧티로 탁발하러 가셨다. 그런데 그때 많은 제자들이 장로 아난다가 있는 곳으로 와서 이와 같이 말했다.

"벗 아난다여! 우리들은 세존에게 직접 법을 듣고자 왔소. 우리들이 세존에게 직접 법을 들을 수 있는 것은 행복한 일이오."

"그렇다면 장로들이여! 바라문이 사는 랑마카의 초암으로 가도록 하오. 틀림없이 직접 설법을 들을 수 있을 것이오."

"벗이여! 그렇게 하겠소"라고 비구들은 장로 아난다에게

답했다.

그때 세존께서는 사밧티에서 탁발공양을 끝내고 돌아오셨다. 그리고는 아난다에게 말씀하셨다.

"아난다여! 우리는 공양이 끝났으니 풋바라마의 미가라마투(東園鹿母) 강당에 올라가서 쉬도록 하자."

"스승이시여! 잘 알았습니다"라고 장로 아난다는 세존께 답했다.

이리하여 세존께서는 장로 아난다와 함께 풋바라마의 미가라마투 강당에 가시어 쉬셨다.

세존께서는 저녁 무렵 명상에서 일어나 장로 아난다에게 말씀하셨다.

"아난다여! 우리 풋바코타카(東浴室) 강물에 가서 몸을 씻도록 하자."

세존께서는 아난다와 함께 목욕을 하고자 풋바코타카 강으로 가셨다. 목욕을 하고 강둑으로 올라와 옷 하나만을 걸치고 몸을 말리면서 아난다는 세존께 여쭈었다.

"스승이시여! 바라문 랑마카의 초암(草庵)이 근처에 있습니다. 스승이시여! 랑마카의 초암은 편안합니다. 그리고 랑마카의 초암에 있으면 마음이 청정해집니다. 스승이시여! 가능하다면 랑마카의 초암에 가서 쉬시는 것이 좋을 듯합니다."

그러자 세존께서는 침묵으로 동의하셨다. 그리고 세존은 바라문 랑마카의 초암으로 가셨다.

성구경

그때 많은 비구들이 설법을 듣고자 랑마카의 초암에 모여 있었다. 그래서 세존께서는 문 밖에 서서 비구들의 이야기가 끝날 때까지 기다리고 계셨다. 세존께서는 이야기가 끝난 것을 아시고 헛기침을 하면서 빗장이 질린 문을 두드리셨다. 그러자 비구들은 세존께 문을 열어 드렸다.

그때 세존께서는 랑마카의 초암 안으로 들어오셔서 준비된 자리에 앉으시고는 제자들에게 일러 말씀하셨다.

"비구들이여, 그대들은 지금 무슨 이야기를 듣고자 여기에 모였는가? 또 무슨 이야기를 서로 하다가 중단했는가?"

비구들은 답했다.

"세존이시여! 바로 세존께서 설하신 법(法)에 관한 이야기를 하다가 중단했습니다. 때마침 세존께서 도착하셨기 때문입니다."

세존께서 말씀하셨다.

"비구들이여! 그것은 훌륭한 일이다. 그대들이 훌륭한 남성으로서 성실했던 생활을 버리고 출가자가 되어 법을 듣고자 모여 있는 것은 참으로 훌륭한 일이다.

비구들이여! 모여 있을 때는 두 가지 말만 해야 한다. 그 두 가지란 법(法)에 대한 이야기를 하거나 성스러운 침묵을 지키는 것이다."

성구경

성스러운 구함과 성스럽지 못한 구함

비구들이여! '구함'에는 두 가지가 있다. 즉 '성스러운 구함'과 '성스럽지 못한 구함'이다.

비구들이여! 성스럽지 못한 구함이란 무엇인가?

여기에 한 남성이 있어 스스로 태어나는 존재이면서 태어나는 것을 갈구하고, 늙는 존재이면서 늙는 것을 갈구하고, 병든 존재이면서 병든 것을 갈구하고, 죽는 존재이면서 죽는 것을 갈구하고, 번뇌로운 존재이면서 번뇌로운 것을 갈구하고, 스스로 더러운 존재이면서 더러운 것을 갈구하고 있다.

비구들이여! 어떤 것이 태어나는 존재인가?

이른바 자식과 아내가 태어나는 존재이고, 노비가 태어나는 존재이고, 산양과 양이 태어나는 존재이며, 코끼리나 소·말·암말이 태어나는 존재이고, 금과 은이 태어나는 존재이니라. 비구들이여! 태어나는 존재는 실로 이런 것을 의지처로 하는 존재이고, 이것에 얽매이고 도취되고 집착하여 스스로 태어나는 것을 갈구하고 있다.

비구들이여! 어떤 것이 늙는 존재인가? 이른바 자식과 아내가 늙는 존재이고, 노비가 늙는 존재이고, 산양과 양이 늙는 존재이고, 닭과 돼지가 늙는 존재이고, 코끼리와 소·말·암말이 늙는 존재이고, 금과 은이 늙는 존재이니라.

비구들이여! 늙는 존재는 실로 이것을 의지처로 하는 존재이고, 이것에 얽매이고 도취되고 집착하여, 스스로 늙는 존재이면서 늙는 것을 갈구하고 있다.

비구들이여! 어떤 것이 병든 존재인가? 이른바 자식과 아내가 병든 존재이고, 노비가 병든 존재이고, 산양과 양이 병든 존재이고, 닭과 돼지가 병든 존재이고, 코끼리와 소·말·암말이 병든 존재이니라.

비구들이여! 병든 존재는 실로 이것을 의지처로 삼는 존재이고, 이것에 얽매이고 도취되고 집착하여, 스스로 병든 존재이면서 병든 것을 갈구하고 있다.

비구들이여! 어떤 것이 죽는 존재인가? 이른바 자식과 아내가 죽는 존재이고, 노비가 죽는 존재이고, 산양과 양이 죽는 존재이고, 닭과 돼지가 죽는 존재이다. 비구들이여! 죽는 존재는 실로 이것을 의지처로 삼는 존재이고, 이것에 얽매이고 도취되고 집착하여, 스스로 죽는 존재이면서 죽는 것을 갈구하고 있다.

비구들이여! 어떤 것이 번뇌로운 존재인가? 이른바 자식과 아내가 번뇌로운 존재이고, 노비가 번뇌로운 존재이고, 산양과 양이 번뇌로운 존재이고, 닭과 돼지가 번뇌로운 존재이고, 코끼리와 소·말·암말이 번뇌로운 존재이다. 비구들이여! 번뇌로운 존재는 실로 이것을 의지처로 삼는 존재이고, 이것에 얽매이고 도취되고 집착하여, 스스로 번뇌로운 존재이면서 번뇌로움을 갈구하고 있다.

비구들이여! 어떤 것이 더러운 존재인가? 이른바 자식과 아내가 더러운 존재이고, 노비가 더러운 존재이고, 산양과 양이 더러운 존재이고, 닭과 돼지가 더러운 존재이고, 코끼리와 소·말이 더러운 존재이고, 금과 은이 더러운 존재이니라. 비구들이여! 더러운 존재는 실로 이것을 의지처로 삼는 존재이고, 이것에 얽매이고 도취되고 집착하여, 스스로 더러운 존재이면서 더러운 것을 갈구하느니라.

비구들이여! 바로 이러한 것들이 '성스럽지 못한 구함'이니다.

비구들이여! '성스러운 구함'이란 무엇인가?

비구들이여! 여기에 한 남자가 있어, 스스로 태어나는 존재이면서 태어남의 허물을 알아 태어나지 않고 더없이 완전한 안락(열반)을 구하고, 스스로 늙는 존재이면서 늙음의 허물을 알아 늙지 않고, 더없이 완전한 안락을 구하고, 스스로 병든 존재이면서 병듦의 허물을 알아 병들지 않고, 스스로 더없이 완전한 안락을 구하고, 스스로 번뇌로운 존재이면서 번뇌로움의 허물을 알아, 번뇌롭지 않은 더없이 완전한 안락을 구하고, 스스로 더러운 존재이면서 더러움의 허물을 알아 더럽지 않은, 더없이 완전한 안락함을 구하고 있다.

비구들이여! 이것이 바로 '성스러운 구함'이니라.

비구들이여! 실로 나 역시 깨달음을 얻지 못했던 시절에는 스스로 태어나는 존재이면서 태어남을 갈구했고, 늙는 존재이면서 늙음을 갈구했고 병든 존재이면서 병든 존재를 갈구했고, 죽는 존재이면서 죽음을 갈구했고, 번뇌로운 존재이면서 번뇌로운 것을 갈구했고, 더러운 존재이면서 더러운 것을 갈구했느니라. 비구들이여! 그때 내게 이와같은 생각이 일어났었다.

'어떻게 해서 나는 스스로 태어나는 존재이면서 태어나는 것을 갈구하고, 늙는 존재이면서 늙는 것을 갈구하고, 죽는 존재이면서 죽는 것을 갈구하고, 번뇌로운 존재이면서 번뇌로운 것을 갈구하고, 스스로 더러운 존재이면서 더러운 것을 갈구하는 것일까?

나는 스스로 태어나는 존재이면서 태어나는 허물을 알아, 태어나지 않고 더없이 완전한 안락을 구하리라. 스스로 늙는 존재이면서 늙음의 허물을 알아, 늙지 않고 더없이 완전한 안락을 구하리라. 스스로 병든 존재이면서 병듦의 허물을 알아, 병들지 않고 더없이 완전한 안락을 구하리라. 스스로 죽는 존재이면서 죽음의 허물을 알아, 죽지 않고 더없이 완전한 안락을 구하리라. 스스로 번뇌로운 존재이면서 번뇌로움의 허물을 알아, 번뇌롭지 않고 더없이 완전한 안락을 구하리라. 스스로 더러운 존재이면서 더러움의 허물을 알아, 더럽지 않고 더없이 완전한 안락을 구하리다'라고.

비구들이여! 이렇게 생각했던 나는 그때는 아직 꽃다운 청년으로서 머리는 검었고, 행복이 가득 넘치는 청춘이었다. 그런 청년 시절에 부모는 눈물로 뒤범벅이 되어 만류했지만 나는 끝내 머리와 턱수염을 깎고, 가사를 입고 집을 나

성구경

와 출가하였다.

스승 알라라 카라마를 찾아서

출가자가 된 나는 어떻게 해서라도 선(善)함을 구하고, 더 없이 수승한 적정(寂靜)의 길을 구하고자 알라라 카라마를 찾아가서 이렇게 말했다.

"그대 알라라 카라마여! 나는 당신의 가르침(법)과 율을 청정하게 행하고자 생각하오."

비구들이여! 이렇게 말하자 알라라 카라마는 다음과 같이 대답하였다.

"그대여! 이곳에서 머물도록 하오. 이곳에 머물면 지혜로운 사람은 이 가르침에 대해 자신의 스승과 동일한 경지를 명확히 알고 체득하고 진실을 얻을 것이오."

비구들이여! 나는 곧바로 그 가르침을 닦아 얻었느니라. 그때 나는 단지 입으로만 '나는 알았다' '나는 체득했다'라고 말할 뿐이었는데 이제는 자타(自他)가 인정하는 상태가 되었다.

비구들이여! 그런데 그때 나에게는 이와 같은 생각이 떠올랐다.

"알라라 카라마는 이 법을 단지 믿음만으로 '스스로 명확히 알고 체득하고 진실을 얻었다'고 말하는 것이 아니다. 분명히 알라라 카라마는 이 가르침을 알고 체득한 경지에 도달했다"라고.

그래서 비구들이여! 나는 알라라 카라마가 있는 곳으로 가서 그에게 이렇게 말했다.

"그대 알라라 카라마여! 어느 정도의 법을 스스로 명확히 알고 체득하고 진실을 얻었기에 나에게 말하는 것인가?"

비구들이여! 이렇게 말하자 알라라 카라마는 '어떤 것도 그곳에 존재하지 않음을 깨달은 선정(禪定)의 경지(無所有處)'를 일러 주었다.

비구들이여! 그때 나에게는 이와같은 생각이 떠올랐다.

'알라라 카라마에게만 믿음(信)이 있는 것이 아니다. 나에게도 믿음이 있다. 알라라 카라마에게만 정진(精進)이 있는 것이 아니다. 나에게도 정진이 있다. 알라라 카라마에게만 생각(念)이 있는 것이 아니다. 나에게도 생각이 있다. 알라라 카라마에게만 정(定)이 있는 것이 아니다. 나에게도 정(定)이 있다. 알라라 카라마에게만 지혜(智慧)가 있는 것이 아니다. 나에게도 지혜가 있다. 자! 그러면 나도 알라라 카라마가 스스로 명확히 알고 체득하고 진실을 얻었다고 말하는 그 법을 체득하도록 정진하자'라고.

비구들이여! 그리하여 나는 곧바로 그 법을 명확히 알고 체득하고 진실을 얻게 되었다.

비구들이여! 그때 나는 알라라 카라마의 거처로 가서 그에게 이렇게 말했느니라.

성구경

"그대 카라마여! 당신은 이 법의 경지를 어느 정도 스스로 명확히 알고 체득하고 진실을 얻었다고 말할 수 있는가?"

"그대여! 나는 이 정도 경지의 법을 스스로 명확히 알고 체득하고 진실을 얻었다."

카라마는 말했다.

"그대여! 존자와 함께 같은 구도의 길을 수행할 수 있는 우리들은 행복하도다. 그대여! 참으로 행복하도다. 이렇게 내가 스스로 명확히 알아 체득하고 진실을 얻었다고 말한 그 법을, 당신도 스스로 명확히 알아 체득하고 진실을 얻었다. 당신이 스스로 명확하게 알아서 체득하고 진실을 얻었다고 말하는 그 법을 나도 스스로 명확하게 알아서 체득하고 진실을 얻었다고 말한다. 이처럼 내가 알고 있는 경지의 법을 당신도 알고 있고, 또 당신이 알고 있는 경지의 법을 나도 알고 있다. 이처럼 내가 좋아하듯이 당신도 마찬가지이다. 당신이 좋아하는 것처럼 나 또한 마찬가지이다. 지금이야말로 오라, 그대여! 우리 두 사람이 힘을 모아 모여 있는 이 대중들을 통솔하도록 하자."

비구들이여! 이렇게 알라라 카라마는 나의 스승이면서도 제자인 나를, 스승과 동일한 위치로 인정할 뿐만 아니라 나에게 최대의 예우로 공양을 올렸느니라.

그러나 비구들이여! 그때 나는 이렇게 생각했다.

'어떤 것도 존재하지 않는다는 것을 깨달은 선정의 경지,

무소유처를 떠나는(厭離) 경지로 인도되지 못하고, 욕심을 떠나는 경지로 인도되지 못하고, 욕망을 멸하는 경지로 인도되지 못하고, 적정(寂靜)의 경지로 인도되지 못하고, 깨달음으로 인도되지 못하고, 정각(正覺)으로 인도되지 못하고, 열반으로 인도되지 못한다'라고.

비구들이여! 거기서 나는 그 법을 존중하지 않고 그 법에 만족하지 않고 떠났다.

스승 우다카 라마풋타를 찾아서

비구들이여! 출가자가 된 나는 어떻게 해서라도 선(善)함을 구하고, 더없이 수승한 적정의 길을 구하고자 우다카 라마풋타의 처소를 찾아가서 이렇게 말했다.

"그대 우다카 라마풋타여! 나는 당신의 법과 율에서 청정하게 정진하고 싶소."

비구들이여! 내가 이렇게 말했을 때 우다카 라마풋타는 나에게 이렇게 대답하였다.

"그대여! 이곳에서 머무시오. 이곳에 머물면 지혜 있는 사람은 곧바로 자신의 스승이 얻은 것과 동일한 경지를 스스로 명확하게 알아서 체득하고 진실을 얻게 될 것이오."

비구들이여! 나는 곧바로 그 가르침을 닦아서 단지 입으로만 지혜에 대해 '나는 안다' '나는 체득했다'라고 말할 뿐

이었는데 이제는 자타(自他)가 인정하는 상태가 되었다.

비구들이여! 그때 나는 이와 같이 생각했다.

'라마는 단지 이 가르침에 대해 믿는 것만으로 스스로 명확히 알고 체득하고 진실을 얻었다고 말하는 것이 아니다. 확실히 라마는 이 가르침을 알고, 체득한 경지에 도달했다'라고.

그리하여 비구들이여, 나는 우다카 라마풋타의 처소에 가서 이렇게 말했다.

"그대 라마여! 당신은 어느 정도로 이 가르침을 스스로 명확하게 알고 체득하였고, 진실을 얻었기에 나에게 말하는가?"

비구들이여! 내가 이렇게 묻자 우다카 라마풋타는 '어떤 것도 존재하지 않는다고 깨달은 선정의 경지'를 초월하여 '생각(想)이 있는 것도 아니고 없는 것도 아니라고 깨달은 선정의 경지(非想非非想處)'를 말해 주었다. 비구들이여! 그때 나는 이와 같이 생각했다.

'라마에게만 믿음(信)이 있는 것이 아니다. 나에게도 믿음이 있다. 라마에게만 정진(精進)이 있는 것이 아니다. 나에게도 정진이 있다. 라마에게만 생각(念)이 있는 것이 아니다. 나에게도 생각이 있다. 라마에게만 선정이 있는 것이 아니다. 나에게도 선정이 있다. 라마에게만 지혜가 있는 것이 아니다. 나에게도 지혜가 있다. 그러면 나도 스스로 명확하게 알아서 체득하고 진실을 얻었다고 하는 그 가르침을 얻

성구경

도록 노력하자'라고.

비구들이여! 그리하여 나는 곧바로 그 가르침을 명확하게 알고 체득하고 진실을 얻게 되었다. 그때 나는 우다카 라마풋타의 처소에 가서 그에게 이렇게 말했느니라.

"그대 라마여! 당신은 이 법을 어느 정도 스스로 명확하게 알아 체득하고 진실을 얻었다고 말했는가?"

"그대여! 나는 이 정도로 그 법을 스스로 명확하게 알고 체득하고 진실을 얻어서 말한 것이었다."

"그대 라마여! 나도 또한 이 정도로 그 법을 스스로 명확하게 알아 체득하고 진실을 얻었다."

그러자 라마는 말했다.

"그대여! 존자와 함께 같은 구도의 길을 수행할 수 있는 우리들은 행복하오. 그대여! 참으로 행복하오. 이렇게 라마가 스스로 명확하게 알아 체득하고 진실을 얻어서 말했던 그 가르침을, 당신도 스스로 명확하게 알아 체득하고 진실을 얻었다. 당신이 스스로 명확하게 알아 체득하고 진실을 얻은 그 법을 라마도 스스로 알았던 것이다. 이처럼 당신은 마침내 라마와 동동하게 되었고 라마도 당신과 동등하다. 지금이야말로 오라, 그대여! 그리하여 여기에 모여 있는 사람들을 나와 함께 통솔하도록 하오."

비구들이여! 이렇게 우다카 라마풋타는 나와 함께 청정하게 수행하는 도반이 되었을 뿐만 아니라, 나를 스승의 위치와 동등하게 했고, 나를 매우 존경하면서 공양했다. 비구들

성구경

이여! 그때 나는 이와 같이 생각했다.

'어떤 것도 존재하지 않는다고 깨달은 선정의 경지를 초월하여 생각이 있는 것도 아니고 없는 것도 아니라고 깨달은 선정의 경지(非想非非想處)에만 머물면, 싫어서 떠나는 경지로 인도되지 못하고, 욕심을 떠나는 경지로 인도되지 못하고, 욕망을 떠나는 경지로 인도되지 못하고, 적정의 경지로 인도되지 못하고, 깨달음으로 인도되지 못하고, 열반으로 인도되지 못한다'라고.

그리하여 비구들이여! 나는 그 가르침을 존중하지 않고, 그 가르침에 만족하지 않고 떠났던 것이다.

해탈(解脫)

비구들이여! 이렇게 나는 선한 것을 구하고 더없이 수승한 적정의 길을 얻고자 마가다 국을 차례로 유행하다가 우루벨라의 세나 마을로 들어갔다. 그곳은 울창한 숲과 맑은 강물·아름다운 강변이 있는 곳으로서 주변은 소를 기르기에 좋아 보였느니라.

그래서 나는 이렇게 생각했다.

'이곳은 참으로 평화롭다. 울창한 숲·맑은 강물·아름다운 강변이 있고, 주변은 소를 기르기에 알맞고 게다가 이곳은 정진을 구하는 양가의 아들들(善男子)이 있는 것으로 보아 정진할 만한 땅이다'라고.

비구들이여! 이곳에서 나는 스스로 태어나는 존재이면서 태어남의 허물을 알아, 태어나지 않는 더없이 완전한 안락함(열반)을 얻었고, 스스로 늙는 존재이면서 늙음의 허물을 알아, 늙지 않는 더없는 완전한 안락함을 얻었고, 스스로 병든 존재이면서 병듦의 허물을 알아, 병들지 않는 더없는 완전한 안락함을 얻었느니라.

또 스스로 죽는 존재이면서 죽음의 허물을 알아, 죽지 않는 더없는 완전한 안락함을 얻었고, 스스로 더러운 존재이면서 더러움의 허물을 알아, 더럽지 않은 더없는 완전한 안락함을 얻었느니라.

또 나에게는 "내 마음의 해탈은 부동(不動)하다. 이것이 최후의 태어남이라. 이제는 다시 태어나지 않으리라"는 것을 알 수 있는 해탈지견을 얻었느니라.

설법에 대한 망설임 — 범천의 간청

비구들이여! 내가 깨달음을 얻었을 때 이런 생각이 떠올랐느니라.

'내가 체득한 법은 깊고 묘하여 보기 어렵고 깨닫기 어려우며, 적정하고 수승하여 일반적인 사고의 영역을 초월한 것으로 현자만이 알 수 있다.

그런데 이 세간의 사람들은 집착하는 것을 좋아하고 집착에 물들고 집착을 즐겨한다. 이런 사람들은, 이것은 저것에 의지하고, 저것은 이것에 의지하고 있다는 연기의 도리를 관찰하기 어렵다. 또 모든 형성작용을 멈추고, 모든 집착을 버리며, 망집(갈애)을 소멸하고, 욕심을 떠나고 멸진하여 완전한 안락함을 얻을 수 있다는 도리를 보지 못한다. 따라서 설사 내가 법을 설할지라도 사람들은 나의 말뜻을 이해하지 못하기 때문에, 나에게는 피로만 더하고 근심만 더할 뿐이다'라고.

비구들이여! 이런 망설임만으로 끝나지 않고 지금까지 들려준 바 없는 게송을 읊었느니라.

애써 노력하며 깨달아 얻은 것을
지금 어떻게 설할 수 있으리
욕심과 화냄에 패배한 사람들이
이 법을 깨닫는 것은 쉽지 않으리

이것은 세상의 흐름을 바꾸고 미묘하며
심원하고 어렵고 세심한 것이므로
탐욕에 물들고 어리석음에 가려 있는 사람들은
볼 수 없으리.

비구들이여! 내가 이렇게 고찰했을 때 나 자신으로서는

어쩔 수 없다고 생각하여 설법할 것을 포기하였다.

비구들이여! 그때 세간의 주인인 범천은 나의 심중(心中)을 알아차리고 이렇게 생각하였다.

'아! 이 세상은 멸망하리. 아! 이 세상은 소멸하리. 실로 여래(完成者)·존경받을 만한 사람(應供)·바르게 깨달은 사람(正等覺者)의 마음이 어쩔 수 없다는 마음으로 기울어져, 설법하지 않겠다는 생각을 하시다니'라고.

비구들이여! 이렇게 생각한 범천은 힘센 장사가 팔을 굽혔다 펼 만한 짧은 순간에 범천계에서 모습을 감추고, 내 앞에 홀연히 나타났다. 비구들이여! 그때 범천은 옷을 한쪽 어깨에 걸치고 오른쪽 무릎을 땅에 대고, 나에게 합장하며 이렇게 말하였다.

"스승이시여! 세존께서는 법을 설하소서. 행복한 사람(善逝)은 법을 설하소서. 천성적으로 더러움에 물들지 않은 사람들은, 법을 듣지 못하여 퇴보하고 있사옵니다. 그러나 듣는다면 법을 깨달을 것이옵니다."

비구들이여! 범천은 이렇게 말하고 거듭 다음과 같은 시구를 읊조렸다.

마침내 마가다국에는
더러움에 물든 이들에 의해
부정한 법이 출현하였네

이 감로(不死)의 문을 여소서
때묻지 않은 분에 의해 깨달은 법을 설하소서
마치 산봉우리의 바위에 서서
두루 사람들을 살피듯

현명한 분이여!
법으로 이루어진 높은 누각에 서서
두루 살피시는 분이여!
근심을 떠나셨기에

근심에 가리고, 태어남과 늙음에 얽매여 있는
모든 사람들을 관찰하소서,
영웅이여!
전쟁에서 승리하신 분이여!

대상(隊商)의 주인이시여! 빚(負債) 없는 분이여!
온 세상을 거니소서
세존이시여! 법을 설하소서
깨달음에 이른 이들도 나타날 것이오.

그때 비구들이여! 내가 범천의 간청을 알고 살아 있는 존재들에 대한 연민으로, 깨달은 이의 눈으로 세상을 두루 관찰하였다. 비구들이여! 나는 깨달은 이의 눈으로 세상을 관찰하면서 더러움에 적게 물든 사람·더러움에 많이 물든 사람·감관이 예민한 사람·감관이 둔한 사람·성품이 선한 사람·성품이 악한 사람·교화하기 어려운 사람들이 있고, 또 어떤 사람들은 내세의 죄과에 대한 두려움을 너무나 잘 알고 있다는 것을 보았느니라. 이것은 마치 파아란 연꽃이 피는 연못·빨간 연꽃이 피는 연못·하얀 연꽃이 피는 연못에서, 어떤 연꽃은 물 속에 나서 자라지만, 어떤 연꽃은 수면으로 나오지 못하고 물 속에서 지며, 어떤 연꽃은 물 속에 나서 물 위에까지 나오기는 하지만 물에 젖어 버리고, 또 어떤 연꽃은 물 속에 나서 수면 위로 쑥 자라올라 물에 더럽혀지지 않는 것과도 같다.

이와 같이 비구들이여! 나는 깨달은 이의 눈으로 세상을 두루 관찰하면서 더러움에 적게 물든 사람·더러움에 많이 물든 사람·감관이 예민한 사람·감관이 둔한 사람·성품이 착한 사람·성품이 악한 사람·교화되기 쉬운 사람·교화되기 어려운 사람, 또 어떤 사람들은 내세와 죄과에 대한 두려움을 너무나 잘 알고 있는 것을 보았던 것이다.

비구들이여! 나는 범천에게 시구로써 대답하였다.

범천이여!
귀가 있는 이들에게 감로의 문은 열렸다.
삿된 믿음을 버려라
범천이여!

나는 사람들을 해치려는 생각으로
깊고 깊은 법을 사람들에게
설하지 않으려는 것이 아니다.

비구들이여! 그때 범천은 '실로 나로 인해 세존께서 법을 설하시려 하신다'는 생각을 하고는, 나에게 예배하고 오른쪽으로 돌아 예(禮)를 표하고 그곳에서 모습을 감추었다.

최초로 법을 설해 줄 사람을 찾다

비구들이여! 그때 나에게 이런 생각이 떠올랐다.
"나는 최초로 누구에게 법을 설해야만 할까? 누가 이 법을 곧바로 이해할까?"라고.
비구들이여! 그러자 나에게 이런 생각이 떠올랐다.
'바로 이 알라라 카라마는 현자이고 총명하고 지혜로운 사람이며, 오랜 동안 때가 없는 천성을 지닌 사람이다. 나는 알라라 카라마에게 최초로 법을 설하리다. 그는 이 법을 곧바로 이해할 것이다'라고.
비구들이여! 그때 어떤 신이 내게 다가와 이렇게 말했다.
"알라라 카라마는 이레 전에 죽었습니다."
나에게도 또한 '알라라 카라마는 이레 전에 죽었다'는 지혜와 식견이 생겼다.

비구들이여! 그때 내게 이러한 생각이 들었다.

'실로 알라라 카라마는 천성이 훌륭한 사람이었다. 만약 그가 이 법을 들었다면 곧바로 이해했을 텐데'라고.

비구들이여! 그때 나에게 이런 생각이 떠올랐다.

'나는 최초로 누구에게 법을 설해야만 할까? 누가 이 법을 곧바로 이해할까?'라고.

비구들이여! 그때 내게 이런 생각이 떠올랐다.

'바로 우다카 라마풋타는 현자이고 총명하고 지혜로운 사람이고, 오랜 동안 때가 없는 천성을 지닌 사람이다. 나는 우다카 라마풋타에게 최초로 법을 설하리라. 그는 이 법을 곧바로 이해할 것이다'라고.

비구들이여! 그때 어떤 신이 내게 다가와 이렇게 말했다.

"스승이시여! 우다카 라마풋타는 간밤에 죽었습니다."

나에게도 역시 '우다카 라마풋타는 간밤에 죽었다'는 지혜와 식견이 생겼다.

비구들이여! 그때 나에게 이런 생각이 떠올랐다.

'실로 우다카 라마풋타는 천성이 훌륭한 사람이었다. 만약 그가 이 법을 들었다면 곧바로 이해할 수 있었을 텐데'라고.

비구들이여! 그때 나에게 이런 생각이 떠올랐다.

'나는 최초로 누구에게 법을 설해야만 할까? 누가 이 법을 곧바로 이해할 수 있을까?'라고.

비구들이여! 그때 나에게 이런 생각이 떠올랐다.

성구경

'내가 정진에 전념하던 시절 다섯 명의 비구들은 나에게 많은 도움을 주었다. 나는 다섯 명의 비구들에게 최초로 법을 설하리라.'

비구들이여! 그때 나에게 이런 생각이 떠올랐다.

'지금 다섯 명의 비구들은 어디에 머물고 있을까?'

비구들이여! 나는 청정하고 초인적인 눈으로, 그들이 바라나시(베나레스)에 있는 이시파타나의 사슴동산(鹿野苑)에 머물고 있음을 보았느니라.

비구들이여! 그리하여 나는 우루벨라에 머물다가 바라나시를 향해 걷기 시작하였다.

비구들이여! 아지비카 교도(邪命外道) 우파카는 가야와 보리수 사이의 거리를 걷고 있는 나를 보고서 이렇게 말하였다.

"그대여! 참으로 당신의 모든 감관은 청정하고 피부색은 맑고 청결합니다. 그대여! 당신은 무엇을 목적으로 출가하였습니까? 또 당신의 스승은 누구이고, 누구의 가르침을 신행(信行)하고 있습니까?"

비구들이여! 이러한 질문을 받았을 때 나는 아지비카 교도 우파카에게 시구로 대답하였다.

나는 모두를 극복한 사람
일체를 아는 사람이라네
일체의 모든 것에 물들지 아니하였네

일체를 버리고, 망집을 소멸하여 해탈하였도다

스스로 깨달았다면
누구를 스승으로 정하리오
나에게 스승은 존재하지 아니하고
나와 비슷한 사람도 알지 못하리

신들을 포함한 이 세상에서
나와 동등한 이는 존재하지 아니하리
나만이 이 세상에서 존경받을 만한 사람이네

나는 위없는 스승(無上師)
나는 오직 한 사람
완전한 깨달음을 얻은 사람이라네
나는 청량(淸涼)하고 완전한 안락을 얻었다오

나는 법의 바퀴를 굴리고자
카시(베나레스) 마을로 간다네
눈 먼 어두운 세상에
감로(不死)의 북을 울리고자.

그러자 우파카는 말하였다.
"그대여! 당신이 스스로 인정한다면, 당신이 한량없는 승자임을 무엇으로 증명할 수 있습니까?"
나는 시구로 대답하였다.

번뇌를 소멸함에 도달한 사람들은
나와 동등한 승자들이라네
나에게 나쁜 법은 극복되었다.
그러므로 우파카여! 나는 승자이니라.

비구들이여! 내가 이렇게 말했을 때 우파카는 "그대여! 그럴지도 모르겠군"하고 말하고는 아리송하다는 듯이 고개를 갸우뚱하면서 옆길로 가버렸느니라.

최초의 설법 —초전법륜

비구들이여! 나는 차례로 유행하여 바라나시 이시파타나의 사슴동산(鹿野苑)에 있는 다섯 명의 비구들에게로 다가갔다. 비구들이여! 다섯 명의 비구들은 멀리서 오는 나를 보고 서로 말하였다.
"그대들이여! 저기 수행자(沙門) 고타마가 온다. 사치스러운 나머지 애써 노력할 것은 포기하고 안락함에 빠졌던 사람이다. 그러니 우리들은 그에게 인사도 하지 말고 일어나 맞이하지도 말자. 또 그의 의발을 받아 주지도 말자. 그러나 그가 원한다면, 자리는 마련하여 앉도록 해주자"라고.

비구들이여! 내가 점점 그들에게로 가까이 갈수록 다섯 명의 비구들은 자신들이 한 약속을 지키지 못하였다. 어떤 이는 나를 맞이하여 의발을 받았고 어떤 이는 자리를 마련하였고, 또 어떤 이는 발씻을 물을 준비하였다. 뿐만 아니라 그들은 나의 이름을 부르거나, '그대여'라고 부르면서 말을 걸어 왔다.

이와 같이 말을 걸어왔을 때, 나는 다섯 명의 비구들에게 이렇게 말하였다.

"비구들이여! 여래에게 이름이나 '그대'라고 부르지 말라. 여래는 존경받을 만한 사람, 바르게 깨달은 사람이다.

비구들이여! 귀를 기울여라. 불사(不死)를 얻을 수 있으리. 나는 교화하리다. 나는 법을 설할 것이다. 가르침대로 행한다면 머지않아 양가의 아들들은 집을 나와 출가한 그 목적, 저 위없는 청정한 수행의 완성을 현세에서 스스로 명확하게 알고 체득하여 진실을 달성하게 될 것이다."

비구들이여! 내가 이렇게 말했을 때, 다섯 명의 비구들은 나에게 다음과 같이 말했다.

"그대 고타마여! 당신은 사실 그 위의(威儀)와 실천, 그 고행으로는 인간의 습성을 초월한 가장 신성하고 수승한 지혜와 견식에 도달하지 못했소. 그러므로 그대는 지금쯤 사치스러워 애써 노력하는 것을 포기하고 안일함에 빠져 있을 텐데, 어떻게 인간의 습성을 초월한 가장 신성하고 수승한 지혜와 견식에 도달할 수 있겠는가?"

비구들이여! 이와 같이 그들이 말했을 때, 나는 다섯 명의 비구들에게 다음과 같이 말하였다.

"비구들이여! 여래는 사치스럽지 않다. 여래는 수행을 포기하지도 않았고 태만함에 빠지지도 않았다.

비구들이여! 여래는 존경받을 만한 사람, 바르게 깨달은 사람이다. 비구들이여! 귀를 기울여라. 불사를 얻을 것이니라. 나는 교화하리. 나는 법을 설할 것이다. 가르침대로 실천한다면 머지않아, 양가의 아들들은 집을 나와 출가한 그 목적, 위없이 청정한 수행을 현세에서 스스로 명확하게 알고 체득하여 진실을 달성하게 될 것이다."

비구들이여! 거듭 다섯 명의 비구들은 나에게 이렇게 말했다.

"그대 고타마여! 당신은 사실 그 위의(威儀)와 실천, 그 고행으로는 인간의 습성을 초월한 가장 신성하고 수승한 지혜와 견식에 도달하지 못했소. 그러므로 당신은 지금쯤 사치스러워 애써 노력하는 것을 버리고 안일함에 젖어 있을 텐데, 어떻게 인간의 습성을 초월한 가장 신성하고 특별한 지혜와 견식에 도달할 수 있겠는가?"

비구들이여! 그들이 이렇게 말했을 때, 거듭 나는 다섯 명의 비구들에게 다음과 같이 말했다.

"비구들이여! 여래는 사치스러운 사람이 아니다. 애써 노력하는 것을 포기했거나 안일함에 빠진 사람도 아니다. 비구들이여! 여래는 존경받을 만한 사람, 바르게 깨달은 사람이다.

비구들이여! 귀를 기울여라. 불사를 얻을 것이다. 나는 교화하리. 나는 법을 설하리라. 가르침대로 실행한다면 머지 않아 양가의 아들들은 집을 나와 출가한 그 목적, 더없이 청정한 수행의 완성을 현세에서 스스로 밝혀 알고, 체득하고 이룰 것이다"라고.

비구들이여! 이렇게 하여 나는 다섯 명의 비구들을 이해시키고 교화시킬 수 있었다.

비구들이여! 두 명의 비구들에게 내가 교화하고 있을 때, 나머지 세 명의 비구는 탁발하러 갔다. 세 명의 비구가 탁발해 온 음식으로 우리 여섯 사람은 생활했다. 비구들이여! 내가 세 명의 비구들에게 교화하고 있을 때, 다른 두 명의 비구는 탁발하러 갔다. 두 명의 비구들이 탁발해온 음식으로 우리 여섯 사람은 생활했다.

그리고 비구들이여! 다섯 명의 비구들은 이렇게 교화되고 가르침을 받아, 스스로 태어나는 존재이면서 태어남의 허물을 알아, 태어나지 않는 더없이 완전한 안락함을 얻었고, 스스로 늙는 존재이면서 늙음의 허물을 알아, 늙지 않는 더없이 완전한 안락함을 얻었고, 스스로 병든 존재이면서 병듦의 허물을 알아, 병들지 않는 더없이 완전한 안락함을 얻었느니라.

또 스스로 죽는 존재이면서 죽음의 허물을 알아, 죽지 않

성구경

는 더없이 완전한 안락함을 얻었고, 스스로 번뇌로운 존재이면서 번뇌로움의 허물을 알아, 번뇌롭지 않은 더없이 완전한 안락함을 얻었고, 스스로 더러운 존재이면서 더러움의 허물을 알아, 더럽지 않은 더없이 완전한 안락함을 얻었느니라. 뿐만 아니라 그들에게 지혜와 식견이 생겼느니라.

"우리들의 해탈은 움직이지 않는다. 이것이 마지막 태어남이다. 또다시 태어나지 않으리다"라고.

오욕(五欲)과 아홉 단계의 선정(禪定)

비구들이여! 이러한 욕망의 대상은 다섯 가지(色・聲・香・味・觸)이다. 다섯 가지란 무엇인가? 눈으로 식별하여 좋아하고 사랑하고 희망하고, 사랑할 만한 모습을 하고, 애욕을 불러일으키고, 정을 느끼게 하는 색깔(色)과, 귀로써 식별하여 좋아하고 사랑하고 희망하고, 사랑할 만한 모습을 하고, 애욕을 불러일으키고 정을 느끼게 하는 음성(聲), 코로 식별하여 좋아하고 사랑하고 희망하고, 사랑할 만한 모습을 하고, 애욕을 불러일으키고 정을 느끼게 하는 향기(香), 혀로 식별하여 좋아하고 사랑하고 희망하고, 사랑할 만한 모습을 하고, 애욕을 불러일으키고, 정을 느끼게 하는 맛(味), 몸으로 식별하여 좋아하고 사랑하고 희망하고, 사랑할 만한 모습을 하고, 애욕을 불러일으키고, 정을 느끼게 하는 느낌(觸)이 있다. 비구들이여! 실로 이러한 다섯 가지가 욕망의 대상이다.

비구들이여! 어떤 수행자나 바라문을 막론하고 이러한 다섯 가지 욕망에 얽매이고 취해 있고 탐착하며, 허물을 보지 못하고 벗어나는 지혜도 없이 즐겨 누리는 이들은, 불행과 재앙을 만나고 악마의 포로가 된다는 사실을 알아야만 한다.

비구들이여! 예컨대 사슴이 덫에 걸릴 때 불행과 재앙을 당하고, 사냥꾼에게 사로잡힌 채 달아나지 못한다. 그와 같이 비구들이여! 어떤 수행자나 바라문이라도 이러한 다섯 가지 욕망에 얽매이고 취하고 탐착하며, 허물을 보지 못하고 벗어나는 지혜도 없이 즐겨 누리는 사람들은, 이렇게 불행과 재앙을 만나고 악마에게 사로잡히게 된다는 것을 알아야만 한다.

다시 비구들이여! 어떤 수행자나 바라문들이라도 이러한 다섯 가지 욕망에 계박되지 않고 취하지 않고 탐착하지 않으며, 허물을 보고 벗어나는 지혜를 얻어 즐겨 누리는 이들은, 이렇게 불행이나 재앙을 만나지도 않고 악마의 포로가 되지도 않는다.

비구들이여! 예를 들면 사슴이 덫에 걸리지 않았을 때에는 불행이나 재앙을 당하지도 않고, 사냥꾼이 오더라도 생포되지 않고 달아날 수 있는 것처럼.

그와 같이 비구들이여! 어떤 수행자나 바라문들이라도 그러한 다섯 가지 욕망에 계박되지 않고 취하지 않고 탐착하지 않으며, 허물을 보고 벗어나는 지혜를 얻어 즐겨 누리는 이들은, 이렇게 불행이나 재앙을 만나지 않고 악마의 포로가 되지도 않는다.

비구들이여! 비유컨대 마치 사슴이 마음놓고 들이나 숲·산을 거닐고 앉고 누울 수 있는 것과 같은 것이다. 그것은 무슨 까닭인가? 비구들이여! 그것은 사냥꾼이 추격해 오지 않기 때문이다.

또 그렇게 비구들이여! 비구들은 모든 욕망을 떠나고 악(惡)을 떠나고, 거친 사유와 미세한 사려(思慮)를 떠나고 기쁨과 안락함의 경지, 초선(제1단계의 禪定)에 도달하여 노닐게 된다.

비구들이여! 이 비구는 '악마를 눈멀게 하고 악마의 눈을 흔적도 없이 끊고, 악마의 눈에 보이지 않는 존재가 된 사람'이라고 말할 수 있다.

다시 비구들이여! 비구는 거친 사유, 미세한 사려를 청정히 하고 마음에 때를 여읜 상태가 되어 거친 사유도, 미세한 사려도 없게 되고, 정신통일에서 얻은 기쁨과 안락함의 경지, 제2선(第二禪)에 도달하여 노닐게 된다.

비구들이여! 이 비구는 '악마를 눈멀게 하고 악마의 눈을 흔적도 없이 끊고, 악마에게 보이지 않는 존재가 된 사람'이라고 말할 수 있다.

다시 비구들이여! 비구는 기쁨을 떠나 마음을 평정하고

바른 생각을 가지고, 명확하게 마음을 집중하여 몸에서 즐거움을 느낌으로써 성자들이 '마음을 평정하고, 생각을 바로하여 즐겁게 노닐고 있다'고 하는, 제3선(第三禪)에 도달하여 노닐고 있다. 비구들이여!

 이 비구는 '악마를 눈멀게 하고 악마의 눈을 흔적도 없이 끊어, 악마에게 보이지 않는 존재가 된 사람'이라고 말할 수 있다.

 다시 비구들이여! 비구는 즐거움도 괴로움도 단절하고 이전에 느꼈던 기쁨과 근심도 소멸함으로써, 즐겁지도 괴롭지도 않고 마음의 평정함을 지니도록 생각을 바르게 하는 청정한 경지, 제4선(第四禪)에 도달하여 노닐고 있다.

 비구들이여! 이 비구는 '악마를 눈멀게 하고 악마의 눈을 흔적도 없이 끊어, 악마에게 보이지 않는 존재가 된 사람'이라고 말할 수 있다.

 다시 비구들이여! 비구는 모든 관념을 소멸하고 또한 모든 관념을 작용하는 일이 없기 때문에, '허공은 끝이 없다고 깨달은 선정의 경지(虛空無邊處)'에 도달하였다.

 비구들이여! 이 비구는 '악마를 눈멀게 하고 악마의 눈을 흔적도 없이 끊어, 악마에게 보이지 않는 존재가 된 사람'이라고 말할 수 있다.

 다시 비구들이여! 비구는 '허공은 끝이 없다고 깨달은 선정의 경지'를 초월하여, '인식작용은 무변하다고 깨달은 선정의 경지(識無邊處)'에 도달하여 노닐고 있다. 비구들이여!

이 비구는 '악마를 눈멀게 하고 악마의 눈을 흔적도 없이 끊어, 악마에게 보이지 않는 존재가 된 사람'이라고 말할 수 있다.

다시 비구들이여! 비구는 '인식작용은 무변하다고 깨달은 선정의 경지'를 두루 초월하여, '아무것도 존재하지 않는다는 것을 깨달은 선정의 경지(無所有處)'에 도달하여 노닐고 있다.

비구들이여! 이 비구는 '악마를 눈멀게 하고 악마의 눈을 흔적도 없이 끊어, 악마에게 보이지 않는 존재가 된 사람'이라고 말할 수 있다.

다시 비구들이여! 비구는 '아무것도 존재하지 않는다는 것을 깨달은 선정의 경지'를 두루 초월하여, '생각이 있는 것도, 없는 것도 아닌 선정의 경지(非想非非想處)'에 도달하여 노닐고 있다.

비구들이여! 이 비구는 '악마의 눈을 멀게 하고 악마의 눈을 흔적도 없이 끊어, 악마에게 보이지 않는 존재가 된 사람'이라고 말할 수 있다.

다시 비구들이여! 비구는 '생각이 있는 것도, 없는 것도 아니라고 깨달은 선정의 경지'를 두루 초월하여, '마음의 작용이 모두 끊어진 선정의 경지(想受滅)'에 도달하여 노닐 뿐 아니라, 지혜로써 모든 것을 보고 번뇌를 소멸한다.

비구들이여! 이 비구는 '악마를 눈멀게 하고 악마의 눈을 흔적도 없이 끊어, 악마에게 보이지 않는 존재가 된 사람,

이 세간에서 집착을 건너 해탈한 사람'이라고 말할 수 있다.

   그는 안심하고 다니며 서 있고 누울 수 있다. 그것은 무슨 까닭인가? 비구들이여! 악마에게 쫓기지 않는 곳에 머물고 있는 사람이기 때문이다.

   세존께서는 이렇게 설하셨다. 그들 비구들은 환희하고, 세존께서 설하신 바를 찬탄하였다.

역주(譯註)와 해설

대반열반경 역주(譯註)

1) 기사굴산 : 그리드라쿠타(Gṛdhrakūṭa) 山, 석존의 설법지로서 유명하다. 석존은 이 산꼭대기에서 많은 대중들에게 많은 경전을 설했으며 지금도 정사(精舍)의 터가 남아 있다. 영취산이라고도 한다. 라자가하(Rājagṛha, 王舍城) ; 석존 재세시의 마가다 국의 수도.
2) 다섯 가지 번뇌의 가림 : 탐욕·성냄(瞋恚)·수면(睡眠)·마음의 들뜸(掉悔)·의심 이상의 다섯 가지 번뇌는 마음을 가리고 선(善)함을 방해하므로, 이것을 '5개(五蓋)'라 한다.
3) 네 가지 바른 사념을 성취한 경지 : 몸(身)·느낌(受)·마음(心)·모든 사물(法)이라는 네 가지 대상에 대해 각각 바르게 생각하는 경지(觀想法). 즉 몸은 더러운 것이고 느낌은 괴로운 것이고 마음은 무상한 것이며 모든 사물은 내가 아니라고 관찰하는 경지를 각각 신념처(身念處)·수념처(受念處)·심념처(心念處)·법념처(法念處)로 하여 이것을 '4념처(四念處)' 혹은 4념주(四念住)'라 한다.
4) 일곱 가지 깨달음의 지분 : 일곱 가지의 구체적인 내용에 대해서는 '출가 수행자에 대한 일곱 가지 교훈'을 참조. 이들 깨달음의 지분(覺支)을 총정리하여 '7각지(七覺支)'라 한다.
5) 도리천(忉利天) : 욕계 6천의 제2천. 33天이라고도 하며 수미산 꼭대기에 있다. 중앙에 선견성(善見城)이 있는데 사면이 8만 유순씩 되는 큰 성이며 여기에 제석천이 있고 사방에 각기 8성이 있어 하늘 사람들이 살고 있다. 사방 8성이므로 모두 32성인데 선견성을 더하여 33天이라 한다. 부처님이 일찍이 이 하늘에 올라가서 어머니 마야부인을 위해 석 달 동안 설법한 것으로 유명하다.
6) 사성제(四聖諦) : 고(苦), 집(集), 멸(滅), 도(道)의 네 가지 성스러운 진리.
7) 다섯 가지 번뇌 : 욕심(貪慾)·성냄(瞋恚)·나와 나의 것에 대한 집착(有

身見)・다른 종교의 삿된 계율이나 서원을 고수하는 것(戒禁取見)・의심(疑)이라는 다섯 가지 번뇌. 이들 다섯 가지 번뇌는 중생들을 삼계(三界) 가운데서 가장 아래인 욕계에서 벗어나지 못하고 계박되게 하므로 '5하분결(五下分結)'이라 한다. 結은 번뇌를 의미함.

8) 화생(化生) : 태(胎)나 알(卵) 등의 과정이 없이 홀연히 성인의 모습으로 태어난 것. 불교에서는 모태에서 태어나는 태생・알에서 태어나는 난생・습기에서 태어나는 습생(濕生)과 화생(化生)을 열거하여 '4생(四生 ; 네 가지 태어나는 방법)'이라 한다.

9) 세 가지 큰 번뇌 : ① 나(我)라고 집착하는 ② 잘못된 견해(見)와 잘못된 계율을 고수하는 것(戒取)과 ③ 바른 진리를 의심하는 것(疑). 이것을 대표적인 견해에 대한 번뇌로서 '3결(三結)'이라 한다. 이 3결을 멸진하면 성자의 최초 단계인 '성자의 흐름에 든 사람(預流果)'이 된다.

10) 네 쌍・여덟 종류의 사람들 : 불교에서는 깨달음을 얻은 성자를 깨달음의 경지에 따라 '성자의 흐름에 든 이(預流果)', '한 번 다시 올 이(一來果)', '다시는 돌아오지 않는 이(不還果)', '존경받을 만한 이(阿羅漢果)'의 네 단계로 나누어 각각의 단계마다 이것을 '지향하는 사람(向)'과 '결과를 얻은 사람(果)'으로 나눈다. 이런 성자들을 '4향 4과(四向四果)' 또는 '4쌍 8배(四雙八輩)' 등이라 한다.

11) 상가티 옷 : 출가수행자가 지녀야 하는 세 가지 옷(三衣) 가운데 하나. 세 가지 옷 가운데서 가장 크기 때문에 대의(大衣)라 하고, 또는 원어 Saṃghāṭi를 음사하여 승가리(僧伽梨)라고도 한다. 왕궁이나 마을에 들어갈 때는 반드시 이 옷을 입어야 한다. 즉 가장 격식을 차린 옷으로 대가사를 지칭한다.

12) 네 가지 초자연적인 능력 : 수승한 정신통일을 얻고자 원하는 것(欲神足), 수승한 정신통일을 얻고자 노력하는 것(勤神足), 수승한 정신통일을 얻고자 마음을 오롯하게 머무는 것(心神足), 수승한 정신통일을 얻고자 사유 관찰하는 것(觀神足)의 네 가지를 말한다. 이것을 '4신족(四神足)' 또는 '4여의족(四如意足)'이라 한다.

13) 겁(劫) : 무한한 시간을 나타내는 말. 마치 40리나 되는 반석을 1백 년마다 한 번씩 부드러운 옷으로 문질러 그것이 완전히 마모되어도 일 겁

이 되지 않을 정도의 무한한 시간.

14) 도솔천(兜率天) : 욕계천(欲界天)의 하나. 불교의 우주관에서는 전 우주를 크게 욕계·색계·무색계의 세 가지 층(三界)으로 나눈다. 우리들이 살고 있는 이 세계는 욕계에 속하는데, 이 욕계 위에는 여섯 개의 천계(六欲天)가 있다. 도솔천은 그 아래쪽에서 네 번째 있는 천계로서 이곳에는 미래에 부처가 될 보살이 살면서 부처가 되기 위하여 정진하고 있다고 한다. 따라서 석존도 예전에 여기에서 살다가 이곳(사바세계)으로 내려와 어머니 마야부인의 태에 들어갔다고 전해지며, 또 현재는 미륵보살이 이곳에 살면서 마지막 수행에 전력한다고 한다. 미륵은 석존의 입멸로부터 5십6억7천만 년 후에 이 세상에 나타날 부처님이라고 한다.

15) 사천왕천(四天王天) : 욕계 가운데서 가장 아래에 있는 천계(天界). 수미산(세계의 중앙에 솟아 있는 산) 중턱에 있는데, 이곳에는 동서남북 각각의 방향에 지국(持國)·증장(增長)·광목(廣目)·다문(多聞, 비사문)이라는 네 명의 천왕이 살면서 각각의 방위를 수호하기 때문에 이렇게 이름한다.

16) 카니카라 나무 : 벽오동 과에 속하는 교목. 훌륭한 향나무로서 황색꽃이 피기 때문에 이 꽃은 황색을 비유할 때 자주 사용된다.

17) 반투지바카 꽃 : 벽오동 과의 풀꽃. 꽃은 선명한 붉은 색으로서, 붉은 색을 비유할 때 많이 사용된다. 원산지는 인도이다.

18) 네 가지 바르게 사념하는 경지(四念處) : 주 3) 참조.

19) 네 가지 바르게 노력해야만 하는 것 : ① 이미 생긴 악은 제거하고자 노력하는 것이요, ② 아직 생기지 않은 악은 생기지 않도록 노력하는 것이요, ③ 아직 생기지 않은 선은 생기도록 노력하는 것이요, ④ 이미 생긴 선은 중대하고자 노력하는 것이다. 이것들을 총괄하여 '4정근(四正勤)'이라 한다.

20) 다섯 가지 선(善)한 과보의 뿌리 : 바른 믿음(信)·노력(精進)·바른 생각(念)·정신통일(定)·지혜(慧). 이들 다섯 가지는 깨달음(열반)이라는 선(善)한 결과를 가져오는 근원이므로 총괄하여 '5근(五根)'이라 한다.

21) 다섯 가지 힘 : 내용적으로는 '5근'과 동일하다. 이 다섯 가지는 깨달음

의 기본적인 덕목임과 동시에 깨달음을 얻을 수 있는 실재적인 힘이 되기 때문에 '5력(五力)'이라 한다.

22) 일곱 가지 깨달음의 지분(七覺支) : 주 4) 참조.
23) 여덟 가지 성스러운 길 : 바른 견해(正見)・바른 사유(正思惟)・바른 말씨(正語)・바른 행동(正業)・바른 생활(正命)・바른 노력(正精進)・바른 마음가짐(正念)・바른 정신통일(正定). 이것은 깨달음의 바른 실천덕목으로서 '8성도(八聖道)' 혹은 '8정도(八正道)' 등이라고 한다. 또 네 가지 바르게 사념해야 할 경지(四念處)에서부터 여덟 가지 성스러운 길까지를 '37보리분법(三十七菩提分法)'이라고 총칭한다.
24) 논모(論母) : 아비달마. 즉 논장(論藏). 아비달마(범어 Abhidharma・팔리어 Abhidhamma)는 논의(부처님 가르침의 뜻을 명확하게 하는 것)의 모체가 되기 때문에 고대에는 아비달마를 이렇게 불렀다고 한다.
25) 스카라 맛다바 : 요리의 하나. 연한 돼지고기 요리, 혹은 버섯 요리라고도 하는데, 내용은 정확하지 않다. 한역경전에서는 '전단수이(栴壇樹耳)' 즉 전단나무에서 자라는 버섯으로서 매우 맛있는 요리였다고 한다.
26) 최후의 야분(夜分) : 인도에서는 밤을 초야(初夜)・중야(中夜)・후야(後夜)로 3등분한다. 지금으로 말한다면 초야는 오후 6시부터 9시(또는 10시)경까지이고, 중야는 9시(또는 10시)부터 새벽(또는 12시경)까지이며, 그리고 후야는 새벽 1시(또는 2시)부터 5시경까지이다. 최후의 야분이란 후야(後夜)로서 즉 심야부터 날이 밝을 때까지의 사이를 말한다. 또 다음에 나오는 최초의 야분・중간의 야분도 마찬가지로 각각 초야・중야를 나타낸다.
27) 춘다카 존자 : '춘다카'와 '춘다'라는 두 가지 이름이 등장하고 있어 독자들은 좀 혼동될 것이다. 춘다카와 춘다는 얼핏 보면 각각 다른 사람이 아닌가 하는 인상을 주지만, 사실은 같은 사람이라고 추측된다. 불제자 가운데 '춘다'라는 인물이 두 명 있었다고 한다. 그러나 춘다카라는 인물은 별로 알려진 인물도 아니고 또 앞뒤의 문장을 생각할 때 여기서 말하는 춘다카 존자는 대장장이 아들 춘다이다.
28) 10요자나 : 거리 단위. 요자나는 임금님이 하루 동안 걸을 수 있는 거리라고 하는데, 실제로는 약 7마일(11.3km) 정도이다. 따라서 10요자나는

약 113km 정도임.

29) 전륜성왕(轉輪聖王) : 인도의 이상적인 제왕. 이 제왕이 출현할 때는 허공에서 마차가 나타나 이 마차의 선도(先導)에 의해 무력을 사용하지 않고 세계를 평정한다. 불교에서는 전륜성왕 역시 부처님과 마찬가지로 32상(三十二相 ; 32가지의 큰 특징)을 갖추고 7보(七寶)를 소유하며 세속세계의 지배자로서 진리세계의 부처님과 같이 생각하고 있다.

30) 다비(茶毘) : 불교에서는 부처님이나 고승이 열반하여 '화장'하는 것을 다비라고 한다.

31) 야차(夜叉) : 사람 고기를 먹고, 혹은 사람들을 해치기도 하지만, 동시에 불법을 수호하는 귀신의 일종. 원래는 반신반인(半神半人)의 영적인 존재를 의미한다. 야차는 지상·허공 혹은 천계에 살면서 바람처럼 빠르게 행동한다.

32) 비나 : 하프와 유사한 현악기로서 베다시대부터 사용했다는 전통악기. 때로는 '비파(琵琶)'라고 번역하지만 이것은 본래적인 것은 아니다.

33) 바세타 : 바세타는 쿠시나가라와 파바의 유력한 씨족인 말라 족의 성씨로서 바세타 가(家)의 일족 모두를 가리키는 말.

34) 편력행자(遍歷行者) : 일정하게 머무는 곳 없이 이곳저곳으로 옮겨 다니며 수행하는 자.

35) 본당(本當) 사문 ; 사문에 네 종류가 있는데 그 중 본당 사문은 제1사문에 해당된다. 사문이란 해탈을 얻기 위하여 수행에 진력하는 '도인(道人)'. 불교에서는 해탈의 경지를 예류(預流), 일래(一來), 불환(不還), 아라한(阿羅漢) 등으로 나누는데, 이들 각 경지에 도달한 사문을 일컬어 각각 제1 사문(본당 사문)·제2 사문·제3 사문·제4 사문이라 한다.

36) 구족계(具足戒) : 비구·비구니가 지켜야만 하는 계. 조항의 수는 비구와 비구니가 조금씩 다르다. 즉 비구는 2백 50계, 비구니는 3백48계(혹은 상세하게 나누어 5백 계라 한다)를 지킨다. 비구 혹은 비구니가 되기 위해서는 반드시 이 계를 받아야 하고 이것을 받아야만 비로소 정식 스님으로서 인정받는다.

37) 아지바 카교도 : 아지비카 외도와 동일함. 사명외도(邪命外道).

역 주

대반열반경 해설

1

　석존의 입멸(열반)은 당시 불교도들에게는 영원히 잊을 수 없는 크나큰 충격과 의미를 던져 준 사건이었다.
　그것을 기술한 대표적인 경전이 바로 이《대반열반경》(大般涅槃經, Mahāparinibbāna-Suttanta)으로서 우리말로 풀어쓰면 '석존의 위대한 열반'이 된다.
　고타마 붓다(석존)는 만년에 이르러 스스로 죽음이 임박하였음을 알고 영취산을 뒤로 한 채 고향인 카필라바스투를 향하여 '마지막 여로(旅路)'에 오른다. 이미 80에 가까운 노구를 이끌고……
　한편 석존은 여로(旅路)의 곳곳을 거치면서 때로는 제자들에게, 때로는 신자들에게, 그리고 또 때로는 이교도(異敎徒)들에게 '올바른 진리란 무엇'이며 '어떻게 닦고 깨닫고 살아가야 하는가' 하는 것을 가르치신다.
　그것은 마치 노부모가 자식을 생각하듯 고구정녕(苦口叮嚀)히, 그리고 때로는 논리적으로, 때로는 구구절절이 당부하고 타이르면서 우리를 진리의 길로 이끌어 가셨다.

2

한편 석존은 고향으로 돌아가는 길목 — 쿠시나가라에서 모진 설사병을 만나게 된다. 심한 고통, 이미 쇠잔해진 몸, 석존은 더 이상 교화의 여로를 계속할 수 없게 된다.

그리하여 석존은 위대하고 찬란했던 평소의 위용과는 달리 쿠시나가라의 외곽에 있는 두 그루의 사라 나무(사라쌍수) 사이에 몸을 기댄 채, 출가와 고행, 교화와 설법으로 일관했던 석존, 시대를 초월한 우리들의 영원한 스승 석존은 인류사의 가장 아름다운 생애를 마감(열반)하게 된다.

그러나 제자들은 석존의 입멸에 대하여 슬피 울었다. 물론 상수제자들은 석존의 입멸을 담담하게 맞이하면서 그것을 하나의 '인간 존재의 법칙'으로 받아들였지만, 오래도록 석존을 시봉했던 아난다같은 제자는 '외진 곳에서 슬픔을 감추지 못했다.

석존은 그것을 아시고 다음과 같이 아난다를 위로하신다.

"아난다여! 슬퍼하지도 애닯아 하지도 말아라. 사랑하는 사람, 좋아하는 사람과는 언젠가는 헤어져야 한다는 것을 전부터 가르치지 않았더냐."

이윽고 석존은 제자들에게 다음과 같은 마지막 교훈을 남기신다.

비구들이여!
존재하는 모든 것은 쓰러져 가는 것,
방일하지 말고 열심히 정진하여라.
비구들이여!
너희들은 너 자신을 의지할 뿐
타인을 의지하지 말라.

3

　영취산을 출발하여 코티 마을, 나디카 마을, 상업도시 베살리, 그리고 입멸의 마지막 땅 쿠시나가라에 도착하여 편안히 입멸하기까지 교화와 설법, 가르침으로 일관했던 석존의 만년의 모습을 가장 생생하고 자세하게 전하고 있는 경전이 바로 이 팔리어로 된 대반열반경이다.
　그 가르침은 모두가 깨달음과 해탈의 문제, 그리고 인간의 삶에 대한 교훈적인 것들이었다.
　그리고 그것은 시대를 뛰어넘어 현재에도 우리들의 가슴 가까이에 와 닿는다. 여기서 우리는 진정 인간미 넘치는 석존의 진솔한 면(진면목)을 만날 수 있는 것이다.
　《대반열반경》은 팔리어로 씌어진 남방 상좌부 경전중에서 디가 니카야(長部經典)의 제16번째에 속하는 경이다. 한역경전으로는 장아함경의 제2번째 경전인《유행경(遊行經)》

및 《불반니원경(佛般泥洹經)》 또는 《대반열반경(大般涅槃經)》 등이 여기에 해당되며 그 외에 티베트본과 최근에 번역된 영역본과 독일어본·일역본도 있다.

이 경의 번역은 지금까지 우리에게 알려진 한역경전을 저본으로 한 것이 아니라 초기 경전인 팔리어 경전 계통을 저본으로 하고 있다. 따라서 한역과 비교하면 내용의 흐름과 양(量)의 차이 및 입멸 모습 등이 한역경전과는 크게 다르다는 것을 밝혀둔다. 물론 한역 대반열반경에서는 생생한 모습이 전달되지 않고 있다.

독자들은 팔리장경 계통의 《대반열반경》과 한역 계통이 이렇게 상이할까 하는 의문을 던질 것이다. 역자 역시 놀란 문제이기도 하다. 다만 우리는 팔리불전들이 한역을 거치면서 내용이 증광(增廣)된 것이 아닌가 하는 의문을 가질 수밖에 없다. 또 한편으로는 표의문자인 한자의 특수성도 감안한다면 팔리경전과 한역경전의 차이점을 이해하는데 도움이 될 것이다.

그리고 이 《대반열반경》에 대한 이해를 돕기 위하여 간단하고 짤막한 경전인 〈성구경〉(聖求經, 석존이 걸었던 구도의 길, 중부경전 26)을 뒤에 실었다. 〈성구경〉에는 석존이 구도의 여러 과정을 거쳐 진리를 깨달은 뒤 이것을 미혹에 덮혀 있는 대중들에게 설할 것인가, 설하지 않을 것인가라는 문제를 두고 고뇌하는 장면이 수록되어 있다. 모두가 우리가 접하기 어려웠던 초기의 불전들이다.

역자소개 : 강기희

동국대학교 일어일문학과 졸업.
故 高翊晋 교수님께 수년 동안 사사.
《선학대사전》《불교비유·예화 사전》을 공역.

불교경전

대반열반경

1994년 5월 30일 초판 1쇄 발행
2021년 6월 22일 초판 10쇄 발행

역　자 ─ 강 기 희
발행인 ─ 윤 재 승
ⓒ발행처 ─ 민 족 사

등록 제1-149호, 1980. 5. 9.
서울 종로구 삼봉로 81 두산위브파빌리온 1131호
전화 (02) 732-2403~4, 팩스 (02) 739-7565

E-mail / minjoksabook@naver.com
홈페이지 / www.minjoksa.org

값 12,000원

ISBN 978-89-7009-170-9 04220
• 경전은 부처님의 말씀입니다.
• 경전을 소중히 합시다.